fintech

THE DEVELOPMENT AND
REGULATION OF
FINTECH INDUSTRY IN 2018

金融科技行业发展与监管

2018

张晓燕 等 / 著

中国财经出版传媒集团

经济科学出版社
Economic Science Press

序言

金融科技（FinTech）一词源于"financial technology"。目前，人们对于金融科技的理解不尽相同，并且从业务、科技、公司等不同角度，给出了不同的解释。

第一类，将金融科技看作应用现代科技从事金融业务创新的初创企业或成熟科技企业。美国和一些知名的国际咨询公司基本认可这一定义，并从产业发展角度分析金融科技的影响。普华永道（PWC）将金融科技限定在初创公司范围，认为金融科技是金融与科技的交汇，专注于技术的初创公司创新推出本属于传统金融业的产品和服务。毕马威（KPMG）也持有类似的观点，其发布的全球金融科技100强及中国金融科技50强，都选择从事金融服务和创新的初创科技企业。而安永（EY）对于金融科技的定义并不仅限于初创企业和市场闯入者，同时也包括了成熟传统金融机构，以及电子商务零售商等非金融服务企业。

第二类，将金融科技看作金融与科技结合所形成的创新业务模式。

金融科技作为一个生态体系不断发展，如今已经初步形成了较为明朗的业务领域，主要分为五大板块。在支付清算领域，包括网络和移动支付、数字货币、分布式账本技术等；在融资领域，包括股权众筹、P2P网络借贷等；在市场基础设施领域，包括智能合约、大数据、云计算、数字身份识别等；在投资管理领域，包括电子交易、机器人投资顾问等；在保险领域，包括保险分解和联合保险。英国政府首席科学家马克·沃尔波特（Mark Walport）认为，金融科技有望创新和颠覆传统金融模式和业务，为企业和个人提供一系列全新的服务。

第三类，将金融科技看作现代科技在金融领域的应用和创新，特别是云计算、大数据、人工智能、区块链等先进技术在金融领域的应用和创新。英国贸易与投资总署将金融科技划分为两大类，分别是传统金融科技和新兴金融科技。其中，传统金融科技指的是为金融机构提供服务的技术公司；而新兴金融科技主要指致力于替代传统金融机构的中介服务，并通过新技术提供金融创新服务的新兴企业。中国互联网协会编撰的《2016 中国金融科技发展概览》中，提出一个更为包容的概念，认为金融科技的参与者不仅包括通过科技提供创新金融服务的金融科技公司和通过科技应对金融合规和监管的监管科技公司，也包括传统金融机构、为金融业提供技术服务的科技公司、投身于该领域的投资公司与孵化器，以及金融业不可或缺的监管机构。

在刚刚过去的 2017 年，科技引发的金融创新风起云涌，派生出各类让人眼花缭乱的金融创新，金融科技更是处于金融创新的风口浪尖，成为全球关注的焦点。2017 年，比特币的整体价值超过了 Facebook、摩根大通等知名上市公司的市值，澳洲证交所（ASX）正式启用区块链技术处理股票交易，全球首只以人工智能分析股票指标的 ETF 产品 AI Powered Equity ETF（AIEQ）问世，中国央行基于区块链的数字票据交易平台测试成功并计划发行法定数字货币……云计算、大数据、区块链、人工智能等技术的快速发展，给传统金融业带来颠覆性的冲击，行业新格局、新模式不断涌现，金融科技公司蓬勃发展。

面对金融科技引发的新挑战，2017 年金融科技监管不断升级。针对市场上存在的各种乱象，中国监管重拳接连落地，从政府工作报告到全国金融工作会议"防范系统性金融风险"的定调，再到中国人民银行成立金融科技委员会，校园贷、现金贷和网络借贷 P2P 行业的整治清理整顿，以及全面叫停首次法币发行（ICO）和虚拟货币交易所，等等，一系列监管政策既守住边界、严防风险，也为行业健康发展创造了条件。

金融科技同时为我们带来了机遇和挑战，不可否认的是，金融科技的发展是未来经济发展的方向和趋势。第一，金融科技可以推动普惠金融的发展，让更多人享受金融服务；第二，金融科技可以降低成本，提高经济效益，助力经济健康、可持续发展；第三，金融科技可以激发经济活力，推动传统金融体系和经济体制改革；第四，金融科技可以引导创新，真正让创新成为促进经济发展的不竭动力和源泉。当前，我国的移动支付在世界上处于领先地位，P2P 市场规模也十分庞大，人工智能、区块链等技术也开始在金融领域应用，金融科技已经成为推动我国经济发展新的增长点。因此，政府要积极推动金融科技同其他产业的融合，为金融科技的发展提供更好的政策环境和资本环境。

本书通过介绍 2017 年金融科技行业热点问题和发展历程，以发展较为迅速的中国市场为重点，总结概括了金融科技多个层面的特点，期望能够为读者更清晰地介绍区块链、人工智能的核心特征及其典型应用场景，梳理中国及世界主要国家金融科技监管政策经验，为寻找适合我国的金融科技监管之路提供参考，进而为中国金融科技行业稳步健康发展贡献力量。同时，涉及传统金融市场热点问题的研究，对比发展成熟的美国 ETF 市场，为中国 ETF 市场发展提供参考；编制房屋价格测算方法——特征价格模型（hedonic model），呈现中国主要城市住房价格波动情况。

本书由清华大学五道口金融学院鑫苑房地产金融科技中心组织编写。第 1 章区块链部分由中心研究专员柯岩、寻朔撰写，数字货币部分由中心研究专员刘瑾撰写；第 2 章人工智能部分由中心博士后赵辉、研究专员寻朔、刘瑾撰写；第 3 章金融科技监管由研究专员寻朔、魏行空、柯岩撰写；第 4 章传统金融市场、ETF 中美市场比较由柯岩、刘瑾撰写；中国住房价格指数编制由阳光互联网金融创新研究中心和本中心合作研究，由廖理、张晓燕、张伟强和张福栋老师，以及博士后黄博撰写。由于编者水平有限，对金融科技发展问题的研究正在探索中，书中难免会存在错漏之处，恳请读者提出宝贵的意见和建议。

目　录

第 4 章　传统金融市场　/　101

第1章　区块链

1.1　引言

2008 年以来，随着比特币为代表的数字货币的崛起，作为其底层技术的区块链或分布式账本技术凭借其独特的分布式数据存储、共识机制、点对点传输等功能，获得联合国、世界银行等国际组织和多国政府及国家央行的重点关注，金融业和互联网公司也纷纷开展相关研究和开发。同时，区块链的应用开发实践在以金融科技为代表的领域逐渐展开，并且在媒体的推动下不断掀起讨论热潮。

区块链技术在麦肯锡报告中被认为是继蒸汽机、电力、信息和互联网科技之后最有潜力触发第五轮颠覆性革命浪潮的核心技术。李克强总理签批的《"十三五"国家信息化规划》，明确将区块链列为驱动人人互联向万物互联演进的重要新技术之一。央行行长周小川也表示，"数字货币必须由央行发行，区块链是可选技术"。目前区块链这一突破性技术正逐渐渗入金融市场、贸易物流、身份验证、不动产记录、文化科学、政务管理、共享经济、能源交易等各个行业。

从实际发展规模来看，目前全球已有超过 21 个国家对区块链开展了投资或探索；在过去三年，涉及区块链的专利申请超过 2500 件；此外，有超过 90 家央行参与了世界银行组织的区块链专题讨论。根据 IPRdaily 和 IncoPat 创新指数研究中心的数据显示，2017 年全球公开公告的区块链专利数量前 100 名企业，中国入榜企业占比 49%，其次为美国，占比 33%，其中阿里巴巴集团排名第一，美国银行排名第二。另据中国区块链应用研究中心报告显示，截至 2017 年 12 月 17 日，全球数字资产总市值已触及 6000 亿美元，而 2016 年底仅为 177 亿美元。不到一年的时间里，增幅将近 3300%！

"链圈"技术的逐渐成熟一定程度上推动了"币圈"的发展。近年来，随着比特币等非法定数字货币市场的火爆，世界主要国家的中央银行开始积极探索法定数字货币的制度设计和关键技术。不可否认的是，央行"正规军"的加入，将会推动区块链技术应用实现更大突破。

中国人民银行对法定数字货币的研究始于 2014 年，成立了发行法定数字货币的专门研究小组，论证央行发行数字货币的可行性。2015 年，中国人民银行将研究结果整理成法定数字货币系列研究报告，深化对我国法定数字货币形态、原型系统的总体架构、应用架构、数据架构和技术架构等方面的设计。2016 年，央行启动了基于区块链和数字货币的数字票据交易平台原型研发工作，借助数字票据交易平台验证区块链技术。同年，中国人民银行数字货币研究所成立；2017 年 1 月，中国人民银行推动的基于区块链的数字票据交易平台测试成功。

在区块链引发的热潮下，我们首先应保持冷静的头脑，对该技术有清楚的了解。第 1.1 节从技术及其发展出发，介绍区块链技术的工作原理及特点，分类说明该技术在世界范围内的应用成果，尤其关注中国市场。最终，对该技术未来应用和发展提出一些思考和建议。第 1.2 节内容涵盖了中国人民银行研究法定数字货币的背景和原因，并明确相关概念；给出我国法定数字货币的特征、运行框架、核心技术及应用；重点分析了中国人民银行发行法定数字货币的优势、面临的挑战以及可能产生的影响。此外，还列举了一些国家或地区央行在法定数字货币方面的研究和成果。

1.2 区块链技术概述及应用场景

1.2.1 区块链技术原理及特点

区块链技术（blockchain technology），也称分布式账本技术（distributed ledger technology），是基于分布式数据存储、点对点传输、共识机制、加密算法等技术在互联网时代的创新应用模式。"区块链"概念是由中本聪（Satoshi Nakamoto）在《比特币：一种点对点式的电子现金系统》（*Bitcoin：A Peer-to-Peer Electronic Cash System*）一文中首次提出，中本聪创造了第一个区块，即"创世区块"，并指出"区块链本质上是一个分布式账本数据库，也是电子现金系统（比特币）的核心技术"。通俗地讲，区块链类似一本记录数据的总账或数据库，区块则类似于这本总账里的一页账单或数据库里的一组被加密的数据。

1. 工作原理

区块链（block chain）的工作原理是让系统中的任意多个节点把一段时间内系统交互的数据，通过密码学算法计算并记录到一个区块（block），并且生成该区块的数字指纹（哈希函数）以用于链接（chain）下个区块和验证，系统中所有参与节点（node）共同认定记录的真实性。每个数据区块由区块头和区块体两部分组成，图 1-1 简要展示了一个区块的基本架构。区块头保存着各种用于连接上一个区块的信息、用来验证的信息以及时间戳，它主要包括：块编号、前一个区块的地址、前一个区块的哈希值（HASH 用于将本区块与前一个区块构建一一对应的映射关系，形成环环相扣的链）、一个用于验证工作量难度的随机数（随机生成，需要通过相应的算力，譬如比特币挖矿获得）、时间戳（用于记录数据存储于本区块的具体时间）以及用于验证区块交易的一个总的哈希 Merkle 树根。区块体主要包括了哈希 Merkle 树（树根除外，树根存储在区块头内），它记录了这一区块中各类储存信息的密钥阵列，客户必须通过获得密码才能获取存在该区块中的特定数据。

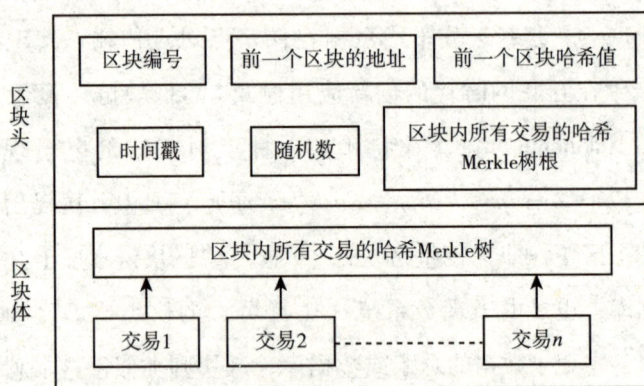

图 1-1　区块（block）基本结构

图 1-2 展示了一个简单的基于区块链的保险智能合约的哈希 Merkle 树的数据结构。在本区块中有四笔交易，每笔交易对应 Merkle 树的叶子节

点，使用哈希函数对每笔交易进行计算。

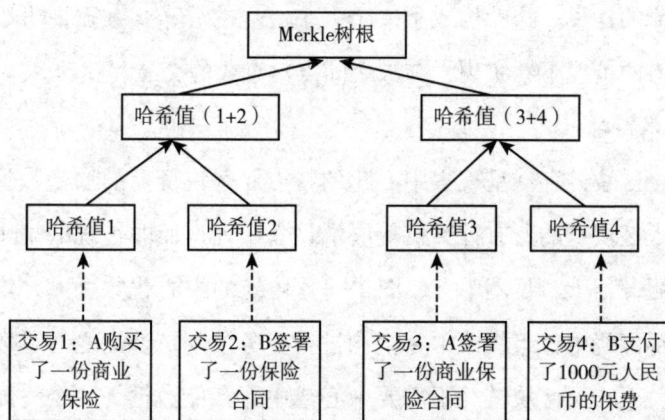

图1-2　哈希 Merkel 树示例

哈希函数可将一个文件或数据压缩为一个 64 位字节的代码，例如 "I love you Bob" 通过 SHA - 256 加密技术进行加密，对应的哈希值为 "48ab675a2c361fbbd496ee7b1a96ee7b1a962eab12abbf2f38c372a7b9b8485a36 e628d5"。假设分别得到哈希值 1、哈希值 2、哈希值 3 以及哈希值 4。通过对每个哈希值进行两两合并，分别形成哈希值（1+2）以及哈希值（3+4）。最后哈希值（1+2）与哈希值（3+4）进行两两合并，得到本区块所对应的 Merkle 树的根，存储在该区块的区块头中。在此基础上，区块链应用的所有区块之间按照时间先后顺序链接成一个完成的链条，就是区块链。通过该单项链条既可以逐渐增加区块，当一个新区块创建后，就补充在最后一个区块后面，同时该单项区块也可以回溯发生的所有交易信息，从而确保安全性和可靠性。

因此，从本质上看，区块链可以理解为一个基于计算机程序的开放式总账，它可以独立记录在区块链上发生的所有交易，系统中的每个节点都可以将其记录的数据更新至网络，每个参与维护的节点都能复制获得一份完整数据库的拷贝，这就构成了一个去中心化的分布式数据，可以在无须第三方介入的情况下，实现人与人之间点对点式的交易和互动。

2. 技术特征

其一，区块链存储呈现去中心化的特点。区块链上的加密数据是分散存储在接入区块链的所有计算机等终端设备中的，而非传统的集中保存在一个中心服务器上，见图1-3、图1-4。传统的中心化数据库，客户与客户之间必须围绕中介组织或中介机构进行业务活动，客户之间难以达成直接的业务关系。而区块链并不需要中心或中介存储数据，一个终端设备可以看作一个节点，每个节点都保存一套完整的区块链总账，访问任何一个节点都能查看全部交易信息。区块链更新交易信息后，链上所有节点会同步更新相关数据，达到去中心化的目的。该分布式结构为实现点对点的交易提供了基础。以证券市场为例，区块链使证券的发行、转让、清算、交收可以绕过传统的中介组织、中介机构，进而为提升效率、节约成本创造条件。

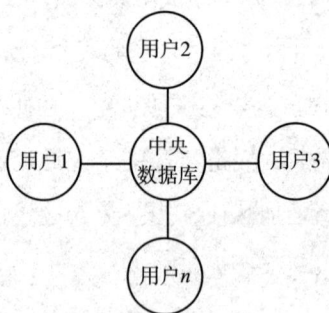

图1-3　传统数据库存储模式

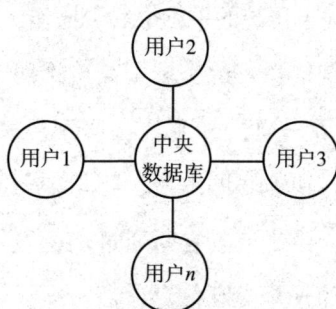

图1-4　区块链存储模式

其二，加密技术和共识机制使存储记录的数据更加可靠。密码学和时间戳等技术保证区块链上的数据代码与客观事实的数据代码是唯一的。由区块链上具有维护功能的节点，按照共识机制共同进行维护工作，对链上的数据代码的真伪进行验证。当区块链上个别节点出现错误、造假、篡改，只要多数节点是正确的（比特币是51%的节点），少数服从多数，整个区块链账本的真实准确性不会受到影响。区块链网络任一节点产生的交易数据必须依赖链上其他节点的确认才能有效地纳入整个区块链中。因此，区块链在密码学和共识机制等技术的支持下，保证了数据的安全性和可靠性。

其三，区块链记录的自动执行性。区块链采用公开的协商一致的协议或算法（比如一套公开透明的数学算法），使整个系统中的所有节点能够在"去信任"的环境下自动安全地交换数据，无须任何人为干预。建立在区块链上的可编程代码被称为智能合约（smart contract），由机器自动判断触发条件并自动执行，无人工干预。如把债券发行、转让等交易部署在区块链上，借助智能合约对债券交易进行编写、执行，提升债券交易智能化、自动化。例如，2015年8月，智能合约平台Symbiont便在区块链中首次发行

"智能债券"，该债券免去了传统的手工中后台操作，并完全自动运行。

其四，区块链的系统信息及运作规则高度透明，数据对系统内的节点公开。同时系统程序开源，通过开源社区吸引更多的机构和个人参与运作，从而形成网络效应，快速协同发展。当然，与此同时区块链也能通过加密技术维护个人隐私。由于节点之间通过加密技术且不可篡改的机制建立相互信任，需要开放的仅是交互信息，而节点自身无须公开身份，交易可以匿名完成。

1.2.2　技术分类

1. 技术研发

从技术研发的角度，我们可将区块链技术分解为三个子层，不同层次对应的产业功能及代表性研发企业各不相同。

（1）底层技术主要包括数据安全体系、公式算法与协议、存储与传输协议等，能确保交易顺利完成，维护系统运营安全。现有区块链企业包括以太坊、IBM HyperLedger，以及国内的太一云区块链、PDX 和北航链等。

（2）中间层主要包括应用接口、行业平台服务、不同底层平台间的协议转换与大数据服务等，能提供区块链典型应用的基本功能和实现框架，帮助用户搬迁现有业务，搭建新的业务场景。如 Factom、IBM 的 BaaS（Blockchain as a Service），国内代表性企业包括银链、人民汇金、太一云平台和瑞卓喜投等。这也是目前区块链应用创新的关键领域。

（3）应用层包括金融应用、存证应用、共享经济、数字资产等。能为用户提供基于区块链的应用服务，维护区块链生态。如 Visa 与区块链企业 Chain 推出的 Visa B2B Connect，以及目前国内应用实例包括阳光保险联手布比推出的"阳光贝"积分产品等。

2. 共识机制

区块链按照共识机制可分为公有链与私有链。

简单来说，在公有链中，任何机构或个人都可以参与到共识机制中来。公有链不受任何机构或个人控制或所有，其访问门槛较低，数据公开程度较高。比特币区块链是世界上第一个公有链，然而在数字货币之外，公有链的应用并不多见。

在私有链中，共识机制和数据权限仅对单独或部分机构及个人开放。而依权限对象不同，私有链又可以划分为联盟链（consortium blockchain）及完全私有链（fully private blockchains）。目前，多数应用场景都是私有链（或联盟链）的应用。由于节点间存在高度信任，私有链具有交易速度更快、交易成本更低的优势。在这些场景中，监管约束与信息保密依然存在，区块链更多是作为一种基础性技术对传统数据库起到优化作用。

1.2.3　区块链的典型应用场景

1. 金融领域

现阶段区块链技术的探索主要是围绕金融领域展开的。IBM、微软等科技巨头投入巨资进行技术研发，摩根大通集团、高盛、巴克莱等传统银行则结成区块链联盟，来为区块链在银行业的使用制定行业标准和协议。腾讯、华为在内的31家国内金融企业成立金融区块链合作联盟，聚焦开发证券交易平台的原型，探索信贷、数字资产登记和发票管理等服务。央行推动的基于区块链的数字票据交易平台已测试成功；招商银行、中国邮政储蓄银行等金融机构也在推动区块链的落地。通过普华永道对全球1308家金融机构的调查，计划 2018 年前将区块链嵌入商业流程的金融机构家数占 55%；到 2020 年，该比例将上升至 77%。

（1）从货币到合约。2008 年，区块链作为数字货币的底层技术得到人们的关注，以比特币为代表的数字货币的发行、支付也是区块链目前最为广泛的应用。然而，区块链技术在金融领域的应用并不局限于数字货币，它可以从货币和合约层面对金融机构的支付系统、清算系统与信息验证方式等进行革新，从而改变商业银行、证券交易所和保险公司等机构的运营与监管。

从特征来看，区块链区去中心化与自动化特征能提高金融产品的交易效率，降低交易成本，实现对契约的智能管理；而可追溯与节点隐私保护特征则有助于金融机构维护身份信息，明确权益归属，减少洗钱等违规行为。目前，多国监管部门和高盛、瑞银等国际金融机构均已参与到区块链的研发或合作中，并在实践中取得了一定成果。

（2）区块链与跨境支付业务。在金融领域，区块链的一个重要应用场景是跨境电子支付业务。当前银行间大额跨境转账的主要方式是通过环球金融同业电讯会（SWIFT）系统，其完成一笔支付通常需要 2~3 个工作日以上。而在确保数据安全的基础上，区块链技术可从两个方面对现有系统进行优化。首先，区块链的分布式数据存储方式，能在跨国收付款账户之间建立点对点交互，银行通过代币完成货币兑换而无须成为 SWIFT 会员，这能有效简化现有支付流程，降低中介费用；此外，区块链的自动化特征能实现 7×24 小时不间断服务，支付近乎"实时"交易，在提高支付效率的同时减少在途资金。

根据区块链公司 Ripple 提出的分布式金融解决方案，加拿大 ATB Financial 银行发起 1000 加元跨境汇款，款项兑换为欧元支付给德国的

Reisebank 银行，总共用时 8 秒；而在传统模式下此类交易需要 2~6 个工作日。据麦肯锡测算，区块链技术可以将每笔跨境支付的交易成本从约 26 美元下降到 15 美元。

2016 年，初创企业 Circle 获得英国政府颁发的电子货币牌照，获批在英镑与美元间进行即时转账。2017 年 3 月，中国招商银行完成国内首笔区块链跨境支付业务。

（3）产权交易。在产权交易领域，区块链技术主要被应用于版权与房屋产权两类权益的维护。在鉴权环节，区块链技术能保证权属的真实性、唯一性；在产权交易环节，区块链技术能够保证数据的完整性和一致性，同时能节省交易中间费用，提升交易的效率。

以房地产行业为例，房产交易存在单笔规模较大、透明度较低、交易流程不统一的特征，且交易过程中也存在一定的欺诈风险。而区块链技术能有效地对产权鉴定和产权交易流程进行优化。如在鑫苑集团和 IBM 合作的"房易信"区块链地产金融服务平台上，区块链的优势主要体现为三个方面。首先，分布式结构下的每个区块可支持 10 万条记录，能对过去房产信息数据库进行扩容；同时，Merkle 树结构支持用户独立下载和验证与自己相关的交易，提升了鉴权环节的效率。其次，经过加密的数据安全可靠难以破解，而区块链的链式结构和可回溯性也能支持用户对土地所有权、房契单据、留置权等信息进行记录追踪，提高了系统的可靠性。最后，区块链能自动认证交易，并在房贷估值系统中进行数据共享与核实，提高放贷效率。

在美国，初创公司 Ubitquity 在 2016 年推出了原型平台，并于当年完成了首笔房屋转让；2017 年，公司在巴西的两个区域展开测试，增加了房产权的安全性和稳定性。

2. 其他场景

除上述实践之外，在医疗健康、公益慈善以及公共服务等领域，各国对区块链的研发与应用也都进行了不同程度的投入。

在医疗制药领域，采用区块链技术为患者建立电子健康档案，能在维护患者信息隐私的基础上，实现医疗记录在不同机构间的共享，缓解当前医疗信息分散和孤岛式存储造成的效率低下和资源浪费；同时，区块链技术也可被应用于药品监测，其不可篡改的特征能在多环节流通中保证药品的合法性与真实性。

此外，也有部分国家的公共部门结合国情需要，在区块链应用方面进行投资实践，如爱莎尼亚政府与 Bitnation 合作在区块链上开展政务管辖，通过区块链为居民提供结婚证明、出生证明、商务合同等公证服务。

1. 2. 4　小结

现阶段，区块链的应用多从节约成本、提高效率和维护信息安全三个角度对原有机制进行局部优化。无疑，区块链的发展还存在着巨大潜力，从各国政府、国际金融机构与互联网企业巨头等机构的战略布局来看，区块链在未来有望被应用于更多场景，对人们的生活方式及现存商业模式产生深刻影响。然而，正如 Iansiti 教授及其合作者所言，"区块链并不是一种'颠覆性'技术"[1]。与计算机网络技术类似，区块链技术的推广是"渐进式"的，需要一定的成本与周期。

就目前来看，区块链的应用推广需要考虑以下三个因素。第一，区块链技术的安全性和稳定性依赖于其技术系统，因此区块链技术的应用和推

---

[1]　Marco Iansiti, Karim R. Lakhani. The Truth about Blockchain. *Harvard Business Review*. 2016.

广必须以底层技术的成熟发展为前提；第二，区块链技术的激励机制和盈利模式有待明确；第三，区块链技术在应用中存在合规风险，一方面，目前世界各国都尚未完成针对区块链技术及应用的完整立法，监管存在灰色地带；另一方面，区块链技术实施在现阶段的确存在违规行为。

以目前较为成熟的跨境电子支付应用来说，即使区块链技术对系统的优化已得到实践证明，传统系统并未被立即取代。一方面，SWIFT 采取了积极的应对方案。2016 年初 SWIFT 启动"全球付款创新项目"（Global Payment Innovation Initiative），对传统跨境支付进行优化，2017 年 5 月，SWIFT 宣布推出新的跨境支付 Tracker，实现国际支付实时查询。另一方面，区块链支付系统也面临着监管约束。如澳大利亚竞争和消费委员会一直以来对本国四大银行（澳大利亚联邦银行、西太平洋银行、澳大利亚国家银行、澳新银行集团）进行着密切监控，大型银行购入小型金融科技公司或引入区块链技术等行为都可能受到审查。银行与初创企业的剥离无疑将给参与研发的区块链企业造成一定压力。

当然，区块链技术的研发模式并不局限于企业与创企的合作，如 SWIFT 在承受冲击的同时也转而参与区块链布局，在 2016 年宣布了其区块链战略，提出创建一个分布式账本应用平台的计划。

因此，在长远发展中，区块链技术的研发模式、应用实践以及盈利模式都存在继续完善的空间。

1.3 法定数字货币探索

1.3.1 电子货币、虚拟货币与法定数字货币

在介绍我国央行的法定数字货币前，我们首先需要辨析电子货币、虚

拟货币、数字货币这三个概念的异同。

电子货币是指法定货币的电子化，电子支付服务最初是由银行等金融机构提供的，如银行卡和网银等。随着第三方支付机构等非金融机构的出现，电子支付更加便捷，界面更加友好。电子货币为公众提供了新的支付手段，但最终要回归银行系统。虚拟货币是价值的数字化表现，是由私人机构发行并且使用的记账单位，可分为封闭型、半封闭型和开放型三种，最为典型的是比特币。

电子货币和虚拟货币同法定数字货币有明显区别。法定数字货币本身是货币，和纸币、硬币共同构成现金，而电子货币只是电子化的法币，是支付手段的创新；法定数字货币由央行发行并做信用背书，基本上无信用风险，有内在价值且价值波动较小，处于银行体系可监控范围之内，而虚拟货币，尤其是比特币等基于区块链技术的虚拟货币，具有去中心化的特点，无实际信用和价值支撑，价值波动大，而且易被洗钱、恐怖融资等非法活动利用，增加了金融体系的风险。

目前，我国关于法定数字货币的定义是数字化的人民币，属于法定加密数字货币，其本身是货币而不仅仅是支付工具。可以从四个维度对法定数字货币的本质内涵进行界定和剖析：法定数字货币在价值上是信用货币；从技术上看是加密货币；在实现上是算法货币；在应用场景上则是智能货币。

1.3.2　法定数字货币特征

法定数字货币要作为现金的一部分在社会经济领域流通，必须能够代表国家信用、可以安全存储、保证安全交易、实现匿名流通。因此，法定数字货币必须具备不可重复花费性、可控匿名性、不可伪造性、系统无关性、安全性、可传递性、可追踪性、可分性、可离线交易性、可编程性和基本的公平性十一个特征[①]。

其中，可控匿名性是法定数字货币最为重要的特征，是指法定数字货币在法律许可的应用范围内可进行追溯。匿名是为了保证公民的合法私有财产不受侵犯，同时，为了维护社会秩序，保障公民权益，当发生违法犯罪事件时，数字货币的来源必须可追溯。因此，中国人民银行需要在法律允许的范围内，找到保护公民隐私权、财产权和维护社会公平正义之间的平衡点。

为实现以上特性，法定数字货币在设计时必须遵循如图 1-5 所示的要点。

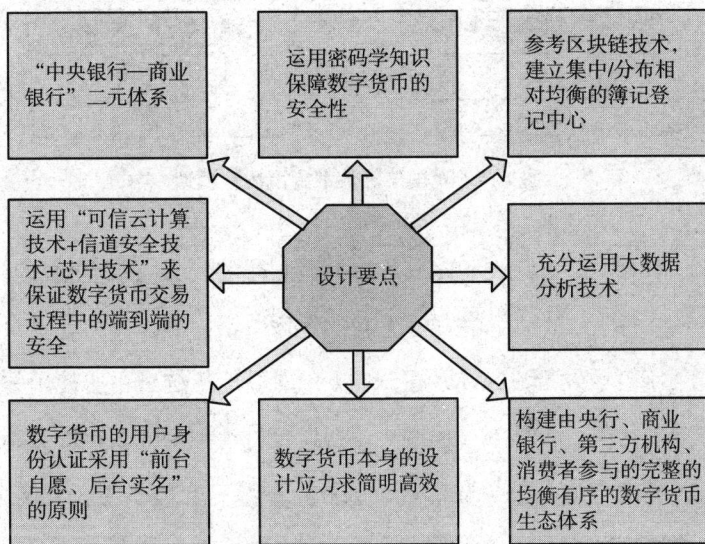

图 1-5　我国法定数字货币设计要点

---

① http://www.jinse.com/news/bitcoin/73610.html

1.3.3 运行框架和核心技术

我国法定数字货币运行框架如图 1-6 所示，其核心是"一种币""两个库""三个中心"。

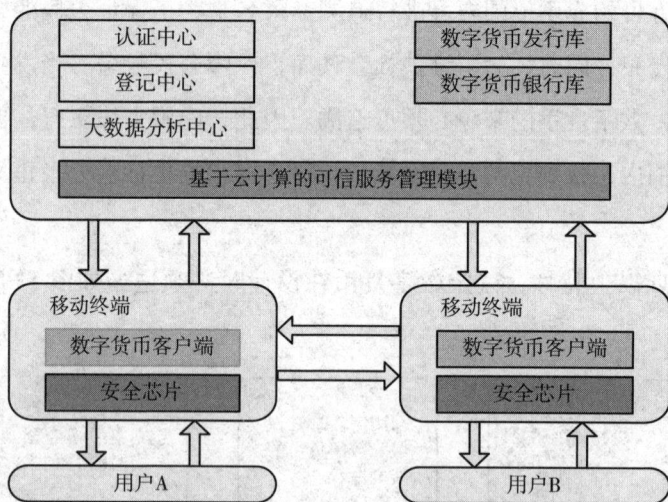

图 1-6 我国法定数字货币运行框架

- "一种币"：法定数字货币是由央行发行的，具有强制性和唯一性。
- "两个库"：数字货币发行库、数字货币银行库。

法定数字货币发行流通体系在设计上仍然采用传统纸币所使用的"中央银行—商业银行"二元体系，由中央银行发行货币到商业银行的银行库，再由商业银行面向全社会提供数字货币服务。选择二元体系主要有两个优点：一方面，可以延续当前的货币发行体系，充分利用现有资源，不至于造成货币发行体系混乱；另一方面，可以调动商业银行在法定数字货币使用和推广方面的积极性，在一定程度上分散中国人民银行所承担的风险。

- "三个中心"：认证中心、登记中心、大数据分析中心。

认证中心主要负责央行对法定数字货币机构及用户身份信息进行集中管理，是系统安全的基础组件，同时也是可控匿名设计的重要环节。登记中心主要负责记录法定数字货币及对应用户身份，完成权属登记；记录流水，完成法定数字货币产生、流通、清点核对及消亡全过程登记。大数据分析中心主要负责运用大数据、云计算等技术分析客户交易行为，保障数字货币交易安全、规避风险，防范黑市洗钱、恐怖融资、欺诈交易等违法行为。在数据适当脱敏的情况下，央行可以运用大数据深入分析货币的发行、流通、储藏等，了解货币运行规律，为货币政策、宏观审慎监管和金融稳定性分析等干预需求提供数据支持。

另外，可信服务管理模块主要为各参与方提供基于安全模块的各类应用的发行及管理，支持多种业务的接入，具有提供应用发行与管理、认证并授权数字货币应用使用其相关业务的功能。终端应用模块主要包括移动终端、客户端、安全模块等。移动终端由消费者与商户持有，集成了通信模块和安全模块，数字货币客户端应用存储在安全模块中，通过移动通信网络与支付平台或其他移动终端连接，亦可以与其他移动终端进行近场交易。

我国法定数字货币的核心技术如图1-7所示，主要包括安全技术、交易技术和可信保障技术三个方面，具体而言，共包括匿名技术、安全存储、加解密技术等十一项技术。

1. 安全技术

法定数字货币安全技术主要包括基础安全技术、数据安全技术、交易安全技术三个层面。

基础安全技术包括加解密技术与安全芯片技术。加解密技术主要应用

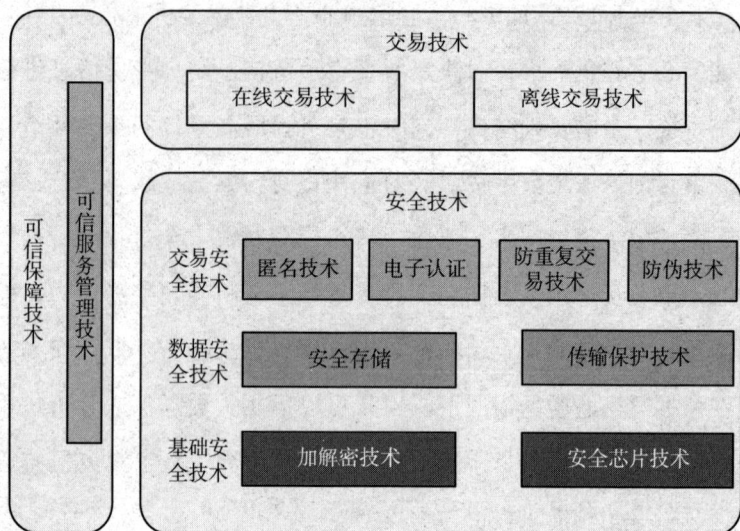

图1-7 我国法定数字货币核心技术

于数字货币的币值生成、保密传输、身份验证等方面，建立完善的加解算法体系是数字货币体系的核心与基础，需要由国家密码管理机构定制与设计。安全芯片技术主要分为终端安全模块技术和智能卡芯片技术，数字货币可基于终端安全模块采用移动终端的形式实现交易，终端安全模块作为安全存储和加解密运算的载体，能够为数字货币提供有效的基础性安全保护。

数据安全技术包括数据安全传输技术与安全存储技术。数据安全传输技术通过密文+MAC/密文+HASH 方式传输数字货币信息，以确保数据信息的保密性、安全性、不可篡改性。数据安全存储技术通过加密存储、访问控制、安全监测等方式储存数字货币信息，确保数据信息的完整性、保密性、可控性。

交易安全技术包括匿名技术、身份认证技术、防重复交易技术与防伪技术。匿名技术通过盲签名（包括盲参数签名、弱盲签名、强盲签名等）、零知识证明等方式实现数字货币的可控匿名性。身份认证技术通过认证中心对用户身份进行验证,确保数字货币交易者身份的有效性。防重复交易技术通过数字签名、流水号、时间戳等方式确保数字货币不被重复使用。防伪技术通过加解密、数字签名、身份认证等方式确保数字货币真实性与交易真实性。

2. 交易技术

法定数字货币交易技术主要包括在线交易技术与离线交易技术两个方面。数字货币作为具有法定地位的货币,任何单位或个人不得拒收,要求数字货币在线或离线的情况下均可进行交易。在线交易技术通过在线设备交互技术、在线数据传输技术与在线交易处理等实现数字货币的在线交易业务。离线交易技术通过脱机设备交互技术、脱机数据传输技术与脱机交易处理等实现数字货币的离线交易业务。

3. 可信保障技术

以可信保障技术为数字货币发行、流通、交易提供安全、可信的应用环境。数字货币可信保障技术主要指可信服务管理技术,基于可信服务管理平台(TSM)保障数字货币安全模块与应用数据的安全可信,为数字货币参与方提供安全芯片(SE)与应用生命周期管理功能。可信服务管理技术能够为数字货币提供应用注册、应用下载、安全认证、鉴别管理、安全评估、可信加载等各项服务,能够有效确保数字货币系统的安全可信。

1.3.4　数字票据交易平台测试

中国人民银行选择票据市场作为我国法定数字货币的试验田,同票据市场所面临的问题相关。票据市场是货币市场的重要组成部分,但目前我国的票据市场存在诸多问题，如票据真实性问题，划款及时性问题以及违规交易问题，等等。针对这些问题，区块链技术可以提供有效的解决方法，例如，区块链使用的分布式记账技术可以保证数据完整和信息透明，解决了票据市场中的贸易背景造假问题；智能合约在区块链上的应用可以解决票据背书不连续的问题。因此，中国人民银行先行试验了数字票据市场上的区块链技术。

2016 年 12 月，数字票据基于区块链的全生命周期的登记流转和基于数字货币的票款对付（DVP）结算功能已经全部实现，这意味着数字票据交易平台原型系统已开发成功并达到预期目标，显示数字货币在数字票据场景的应用验证落地。2017 年 1 月，已按计划完成数字票据平台、数字货币系统模拟运行环境的上线部署，并与中国工商银行、中国银行、浦发银行、微众银行、杭州银行等多家试点银行进行了网络试联通。

相比传统的纸质票据和电子票据，数字票据因采用区块链等新技术而具备更加完善、便捷的功能，表 1-1 将三者进行了对比。

表 1-1　　　　　　　　　纸质票据、电子票据和数字票据对比

	纸质票据	电子票据	数字票据
定义及特征	由收款人或存款人（或承兑申请人）签发，由承兑人承诺，并于到期日向收款人支付款项的一种票据	出票人依托电子商务汇票系统，以数据电文形式制作的，委托付款人在指定日期无条件支付确定的金额给收款人或持票人的票据	一种基于区块链技术的增强型票据形态。可编程的数字化票据，支持智能化风控及交易结算，是电子票据的有益补充
流通形式	依托票据本身，必须在票据上加盖有效印章后才能流通	依托于央行电子商业汇票系统，一般需要接入银行才能办理票据的各项业务	基于点对点的分布式对等网络，通过联盟链的形式实现票据业务从发行到兑付的全流程

如图 1-8 所示，在具体的操作上，数字票据交易平台分为底层网络协议层、数据层、平台层和应用层。各个参与方可以通过 API 的方式很方便地接入到联盟链中①。

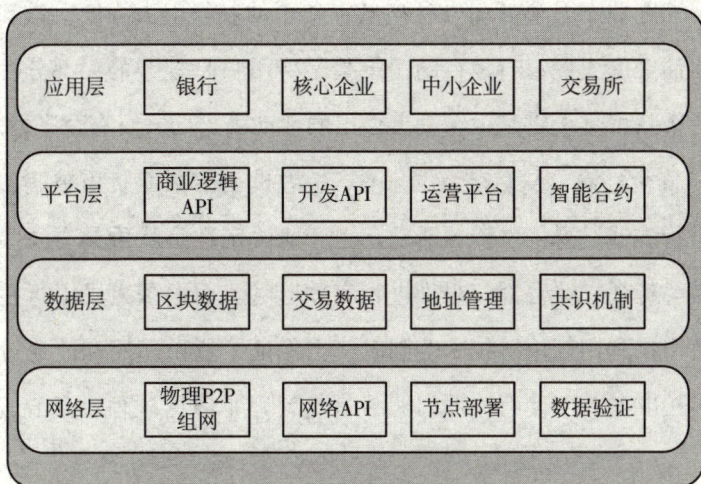

图 1-8　数字票据交易平台分层架构

我国的数据票据交易平台集合了众多前沿科技亮点，包括数字货币、区块链、数字票据、智能合约等，该项目自主研发了一套符合数字票据和数字货币等金融业务场景特点的底层联盟链，在底层技术、安全加密、隐私保护等方面进行了大量创新性实验。

1.3.5　优势及挑战

央行发行法定数字货币的优势有以下三点。

---

① API（Application Programming Interface，应用程序编程接口）是一些预先定义的函数，目的是提供应用程序与开发人员基于某软件或硬件得以访问一组例程的能力，而又无须访问源码，或理解内部工作机制的细节。

（1）总量可控，货币价值波动较小。相较于比特币等非法定数字货币，法定数字货币的发行由央行负责，货币流通过程也受到央行监管，货币价值总体上由货币的购买力决定，不会出现大幅度波动。

（2）公平性。比特币等非法定数字货币的获得很大程度上依赖于计算机性能，而中国人民银行发行的法定数字货币只是现金的一部分，获得多少数字货币从根本上讲是由劳动者付出的劳动决定的，具有公平性。

（3）安全性高。从目前情况来看，一些非法定数字货币被违法犯罪分子用来进行洗钱、恐怖融资等活动，由于非法定数字货币具有去中心化和匿名交易等特征，监管部门很难进行有效监管。而中国人民银行发行的法定数字货币在利用区块链技术的同时，也保证了货币使用和流通过程的安全性，可控匿名技术使有关部门能够追踪到犯罪信息，有效打击违法犯罪活动。

央行发行法定数字货币具有其独特优势，然而也存在着一些挑战。

（1）隐私保护和安全问题。法定数字货币在使用过程中会获得大量用户资料和交易信息，如何存储、管理这些资料对于充分保护用户隐私和财产安全至关重要，同时，如何在法律允许范围内使用用户信息，防止用户信息泄露和非法使用，也是中国人民银行面临的重要挑战。中国人民银行是我国的中央银行，法定数字货币一旦出现安全问题，将直接影响其公信力。

（2）使用和推广问题。数字货币的使用和推广不会是一帆风顺的，从主观上讲，用户对数字货币的信任程度将直接影响其是否使用数字货币；从客观上讲，数字货币终端的建设也需要对现有资源进行整合，然后逐步推广新的终端设备。因此，在全国范围内使用和推广法定数字货币需要一定时间。

（3）数字鸿沟问题。法定数字货币会创造数字红利，但也会加深数字鸿沟。对于无法购买终端设备或者没有能力学习使用法定数字货币的人而言，法定数字货币的发行并没有改善他们的生活，反而拉大了不同群体之间的差距。

（4）技术和费用问题。目前，中国人民银行法定数字货币在票据市场测试成功，但由于区块链技术本身存在每秒数据处理量较小、数据处理有时差等缺点，如果将数字货币推广到全部经济金融领域，那当前的设备能否安全存储、及时分析和处理海量的交易数据仍存疑问，各种设备的运行和维护费用也将是一项巨大的成本。

（5）监管问题。法定数字货币的发行将会使点对点交易大幅增加，在一定程度上绕开了原有的监管体系，商业银行在全社会交易过程中的作用相对减弱，而中国人民银行作为法定数字货币的发行机构，必须考虑如何应对新形势下的监管问题。

1.3.6　未来展望

1. 对货币政策的影响有待检验

一直以来，中国人民银行对纸币在脱离金融体系后流通状况的掌握程度不够完整，导致其对基础货币运行情况的判断存在偏差，从而影响到货币政策的有效性。法定数字货币的出现将有效改善这一局面，具体而言，可能产生以下几方面影响。

（1）货币结构发生变化，货币乘数增大。法定数字货币的出现提高了公众使用现金的便捷程度，因此，公众会选择持有更少的现金，而将更多收入作为存款存入银行，银行系统的资金来源扩大，货币扩张能力提升，从而使货币乘数增大。

（2）传统货币需求减少，金融资产转换速度加快。法定数字货币增加了点对点的交易量，使公众可以更加方便地买卖各种金融资产而不必经过银行系统。

（3）货币流通速度加快。无论是银行卡、支付宝等电子货币，还是法定数字货币，支付和交易效率的提升都会加速货币流通。

法定数字货币的使用可以创造大量交易数据，中国人民银行可以通过分析相关数据为其制定和执行货币政策提供支撑，提高货币政策有效性。当然，法定数字货币实际发行之后对货币政策的影响还待检验。

2. 对金融体系的影响比较积极

（1）降低了解客户与反洗钱成本，提高监管效率。防重复交易技术可以有效解决重复交易问题，减少了解客户成本；分布式记账技术具有不可篡改、透明度高、可追溯等特点，能够及时发现洗钱现象，帮助金融机构有效进行反洗钱行动。

（2）促进金融创新，优化金融环境。法定数字货币结合了电子货币和虚拟货币的优点，同时有效克服了两者的缺点，在为公众提供更多便利的同时，也促进了金融领域的技术创新，降低经济社会运行成本，提升经济效益。

（3）发展普惠金融，共享数字红利。2016 年 G20 峰会提出《二十国集团数字经济发展与合作倡议》，倡议明确了数字技术对于促进社会发展的重要作用。随着技术的不断完善和广泛使用，数字技术已成为偏远落后地区群众提供金融服务的最好方法。法定数字货币的发行可以使更多人享受金融服务，是发展我国普惠金融的重要举措。

（4）关注金融脱媒，防范金融风险。法定数字货币的出现使存款向现金的转化更加便捷，一旦出现恐慌和危机，金融体系将受到更加严重的冲击，加速危机爆发。

法定数字货币在促进金融发展的同时，也增加了金融体系的不确定性，但可以预见的是，如果能够有效防范和控制风险，法定数字货币对于金融体系的影响是利大于弊的。

3. 改变现行支付体系结构

（1）丰富支付选择，减少纸币使用。法定数字货币为公众提供了更多的支付选择，提高了支付的便利性，同时，也正是由于这些优点，法定数字货币将具有较强的替代性，传统货币的使用将逐渐减少。

（2）第三方支付平台受限。近年来，第三方支付平台在我国得到了长足的发展，而法定数字货币将在很大程度上替代第三方支付平台的功能，第三方支付平台的规模会随着法定数字货币的推广逐步减小.

1.3.7　法定数字货币探索国际经验

随着数字货币的兴起，各个国家和地区也都积极开展法定数字货币的理论研究和实践探索，表1-2列举了十个国家和地区的进展。

从这些国家和地区央行推动法定数字货币的进程来看，大部分都是从与数字货币相关的技术入手展开研究，部分开始对相关框架和技术进行封闭测验，突尼斯和塞内加尔则已经发行法定数字货币。从研究内容和实践情况来看，中国人民银行在法定数字货币领域走在了世界前列。通过考察其他国家法定数字货币的进展，我们可以借鉴其中的成功经验，促进我国法定数字货币的顺利发行和推广。

表 1-2 部分国家或地区法定数字货币的研究与实践

国家（地区）	研究及实践进展
突尼斯	2015 年 12 月，突尼斯成为世界首个发行数字货币的国家
加拿大	2015 年，加拿大央行、Payments Canada、加拿大的 7 家商业银行和技术联盟 R3 开始了 Project Jasper，其目标是使用分布式分类记账技术（DLT）来构建和测试实验性银行同业批发支付系统。到 2017 年 5 月，Jasper 项目运行了两个试验阶段，第二阶段完整版报告显示，区块链在同业银行支付系统中的使用仍面临诸多障碍。因此，加拿大央行对外公布，加拿大央行最终决定暂时不会采用区块链技术
英国	2016 年 1 月，英国政府办公室发布 *Distributed Ledger Technology：Beyond Block Chain*，就愿景、技术、治理、隐私等方面为英国政府发展区块链技术和分布式账本技术提出了 8 条建议。同时，英格兰银行和 University College London 正在合作推出 RSCoin
荷兰	2016 年 4 月，荷兰央行在其《2016 年年度计划》中指出，将利用区块链技术开发一款标准的虚拟货币，这个项目被命名为荷兰央行货币（DNBCoin）计划
美国	2016 年，美国政府发布工作报告《分布式账本技术在支付清算结算中的应用》（*Distributed Ledger Technology in Payments，Clearing，and Settlement*），对于分布式记账技术在支付和清算等领域的作用进行讨论，但同时也认为该技术发展的历史较短，还有很多的问题，如技术问题、法律问题和所面临的风险等
德国	2016 年 11 月，德意志联邦银行和法兰克福金融和管理学院联合主办了一场名为"区块链技术：机遇与挑战"的央行研讨会，研讨了区块链在支付领域的发展，为央行货币提供基础
塞内加尔	2016 年 11 月 26 日，塞内加尔（Senegal）第二个发行了国家数字货币 eCFA
欧盟和日本	2016 年 12 月，欧洲央行和日本央行开始了名为"Stella"的联合试验项目，目的是研究分布式账本系统是否能够取代当前日本央行和欧洲央行部署的实时全额结算系统（RTGS）。2017 年 9 月，欧洲央行和日本央行发布报告《支付系统：基于分布式环境的流动性储蓄机制》（*Payment Systems：Liquidity Saving Mechanisms in a Distributed Ledger Environment*），报告内容显示，目前 DLT 技术仍不成熟，欧洲央行和日本央行是否会使用这一技术还需观察
新加坡	2017 年 3 月 10 日，新加坡金融管理局（MAS）完成了一项专注于银行间支付的分布式账本试点实验。基于银行间支付的分布式账本试验，MAS 接下来要进行两个项目。第一个项目，由新加坡交易所（SGX）驱动，专注于通过分布式账本修复证券交易的收益，以及使结算周期变得更有效。第二个项目，侧重于使用央行数字货币探索跨境支付的新方法。同年，MAS 发布报告《未来在此——Ubin 项目：区块链技术在新加坡货币上的应用》（*The Future is Here——Project Ubin：SGD on Distributed Ledger*），展示了其区块链项目"Project Ubin"的各项细节

1.3.8　小结

从 2014 年中国人民银行开始对法定数字货币进行研究，到现在三年多的时间，我国法定数字货币在理论和实践方面已取得丰硕成果。法定数字货币的发行和使用是一项复杂的系统性工程，中国人民银行会吸收借鉴相关的新技术和新理念，逐步完善我国法定数字货币实施路线图。

第一，虽然我国基于区块链技术的数字票据交易平台实验成功，但区块链技术是否能够应用到大范围的法定数字货币中，仍需考证。比特币等非法定数字货币是基于密码学创建的，而密码学远在区块链技术出现之前就已经存在。目前，区块链发展尚不成熟，央行也可以利用密码学的其他分布式技术来构建法定数字货币。因此，区块链技术只是一个工具，我国的法定数字货币并不是一定要采用区块链技术，即使采用了区块链技术，也需要对其进行改造，确保货币的中心化和安全性。区块链技术为法定数字货币的设计提供了更多支持和选择，但我们仍然要意识到，法定数字货币并不一定同区块链技术捆绑在一起。

第二，法定数字货币不仅是简单地将货币数字化，更重要的是让货币更加智能化。首先，货币发行和回收方面，在保证币值稳定的前提下，可以借助人工智能技术由经济系统自发、内生地决策货币供应量，自动发行和回收货币；其次，货币政策执行方面，法定数字货币的可追踪性、可编程性将会使货币政策执行变得更加智能，更加有效；最后，货币使用方面，与传统电子支付工具相比，法定数字货币将会呈现出全新的、更好的品质，货币用户体验也将更加智能。未来，随着人工智能技术的成熟，法定数字货币将可能朝着更智能化的方向发展。

第三，未来，中国人民银行如果推出法定数字货币，必然会制定和完善相关法律法规，为法定数字货币的发行和使用提供法律依据，同时，法定数字货币作为现金的一部分，也一定会具有强制使用的特征，即在条件允许范围内不得拒绝接受法定数字货币，但这并不意味着公众失去选择支付方式的权利。因此，我们重点要关注法定数字货币在实践方面的可行性和便利性，只有重视市场需求，提高法定数字货币的安全性和便捷性，法定数字货币才能真正为公众所接受。

目前，随着比特币等非法定数字货币的兴起和区块链等技术的发展，世界上许多国家纷纷开始对法定数字货币进行研究，但大部分央行仍持谨慎态度。值得关注的是，数字货币已经逐渐走进公众的生活，数字货币背后的相关技术也已成为科技发展的前沿和热点，无论出于监管目的，还是出于提高经济效益的目的，法定数字货币的推出只是时间问题，潮流已不可逆转。

我国作为一个人口大国，法定数字货币的推广必然不是一朝一夕之事，更不可能一蹴而就，同时，考虑到经济因素和社会稳定因素，中国人民银行发行数字货币也必须十分谨慎。目前，我国先在封闭的票据市场进行数字货币实验，通过总结以往经验，中国人民银行会待法定数字货币成熟后再将其推向更广阔的市场。

总体而言，中国人民银行对法定数字货币持有比较积极的态度，也在加紧进行相关方面的研究，希望在技术越来越完善、架构越来越优化、时机越来越成熟的条件下，可以顺利发行法定数字货币，为新常态下的经济提质增效做出贡献。

第 2 章　人工智能

2.1　引言

近年来，人工智能已经广泛地融入金融领域的各个方面，人工智能与金融应用场景的结合成为业界与学术界共同关心的课题。从学界的角度看，传统的金融学研究范式可能会发生重大变化。从理论研究的角度而言，人工智能的底层技术是回归、聚类和预测等，这些技术对处理数量庞大的数据具有重大意义。人工智能先进的算法可以帮助分析师迅速找到金融市场的特征，从而为投资决策提供依据，并且可以处理更为复杂的方程，这极大地拓展了学者理论研究的边界，而从事实证研究的学者则可以应用人工智能的算法更好地评估事件的影响，更好地预测未来的变化，对传统的金融计量经济学是很好的补充。

从业界的角度来看，目前最为广泛的应用是智能投顾领域。智能投顾，也称作机器人投顾，是一种新兴的在线财富管理服务。投顾流程可以理解为，根据投资者提供的风险承受水平、收益目标以及风格偏好等要求，运用一系列智能算法及投资组合配置及优化等理论模型，为用户提供投资参考，并根据市场波动对资产配置再平衡提供建议。与传统投顾相比，智能投顾可以为中低净值客户提供个性化"私人定制"服务，投资透明度高且交易费用较低。近年来，随着人们投资理财观念的加深和大数据、人工智能等技术的发展，智能投顾吸引了越来越多中产或低产的投资者，也逐渐成为金融机构推动普惠金融发展的工具。但客观地说，无论是在美国还是中国，智能投顾中的人工智能的应用都属于发展的初期阶段。现在的智能投顾还只是自动化的投顾而并非智能，但其应用前景是十分广阔的。

本章对人工智能的研究主要分为两个部分。第 2.2 节重点介绍了人工智能的基本概念和分类，特别是人工智能和机器学习的底层技术，同时对人工智能在金融学领域的应用进行分析。第 2.3 节介绍了智能投顾流程及优势，比较分析中国和美国智能投顾行业的特点和发展环境，最后对中国该行业未来的发展提出意见和建议。

2.2 人工智能简介

人工智能（artificial intelligence，AI），作为计算机科学的一个重要分支，是由 McCarthy 于 1956 年在 Dartmouth 学会上正式提出的，20 世纪 70 年代以来被称为世界三大尖端技术（空间技术、能源技术、人工智能）之一（邹蕾，张先锋，2012）。也有观点认为 21 世纪三大尖端技术分别是基因工程、纳米科学和人工智能。AI 从字面含义是指智能的人工制品，是研究如何将人的智能转化为机器智能，或是利用机器来模拟或实现人的智能。与其他新兴学科一样，目前关于人工智能的定义尚无统一的定论，美国麻省理工学院的 Winston 教授这样定义人工智能：人工智能就是研究如何使计算机去做过去只有人才能做的智能的工作（朱福喜，2017）。简言之，人工智能主要是研究用人工的方法和技术，模仿、延伸和扩展人的智能，实现机器智能。人工智能的长期目标，正如美国斯坦福人工智能研究中心的 McCarthy 教授指出的，是实现达到人类智力水平的人工智能（史忠植，2011）。

人工智能于 1956 年被公认为一个学科以来，至今已有了 60 多年的发展，在很多科学领域都获得了广泛应用并取得丰硕的成果，例如战胜围棋世界冠军柯洁的 AlphaGo、浏览购物网站时推荐的可能感兴趣的商品、地图导航、翻译软件以及语音输入法等。然而，从最初人工智能到现在的 AlphaGo，人工智能的发展经历了多次的起伏（朱巍等，2016），图 2-1 为人工智能的发展历程，可看出由于计算机运算能力的不足以及理论算法研究的限制，人工智能曾经在 20 世纪 70 年代与 80 年代末出现了两次发展的低谷期。最近一个大发展时期始于 1993 年，随着大数据、云计算、深度学习等技术的出现，推动了人工智能的大发展，期间出现了许多里程碑式的事件：1997 年，IBM 开发的"深蓝"战胜了世界国际象棋冠军；2014 年，一款名为尤金·古斯特曼（Eugene Goostman）的计算机程序模拟了 13 岁的男孩儿，成功通过图灵测试；2016 年、2017 年，Google 旗下 DeepMind 公司开发的 AlphaGo 先后击败了世界围棋冠军李世石与柯洁。

按照实力标准划分，一般来说人工智能可以分为三个层级：弱人工智能、强人工智能和超人工智能（陈自富，2016）。

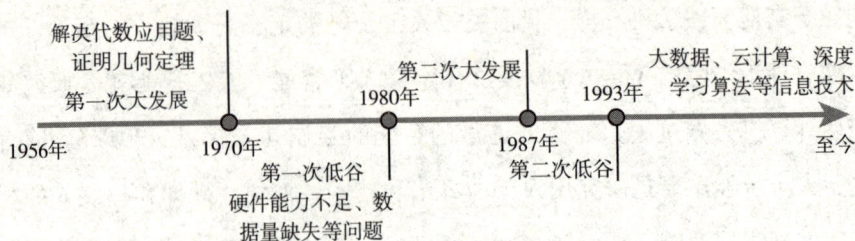

图 2-1　人工智能发展历程

（1）弱人工智能（artificial narrow intelligence，ANI），指擅长于某个方面的人工智能，比如战胜围棋世界冠军的 AlphaGo，就属于弱人工智能，因为它只精通围棋，无法完成下围棋外的其他任务。

（2）强人工智能（artificial general intelligence，AGI），指在各方面都能与人类比肩的人工智能，人类能从事的脑力活动它都能做。创造强人工智能比创造弱人工智能难得多，我们目前还做不到。

（3）超人工智能（artificial super intelligence，ASI），超人工智能可以是各方面都比人类强一点，也可以是各方面都比人类强万亿倍。

人工智能的发展受到运算能力的制约，运算能力的突破会带动人工智能的发展。比如，相比于 1997 年在国际象棋项目中击败人类的"深蓝"，AlphaGo 的运算能力要更高，因此在算法的先进性以及计算深度等方面都是进步的。据估算人脑的运算能力达到了 10^{16}cps（calculations per second，每秒计算次数），若要实现强人工智能或者超人工智能，至少需要人工智能具备和人类大脑相似的运算能力，现如今全球最快的超级计算机前两名分别是我国的神威·太湖之光，天河二号超级计算机。

2.2.1　基本内容

人工智能是一门综合性的学科，在控制论、信息论和系统论的基础上诞生，涉及哲学、心理学、认知科学、计算机科学等方法，这些方法为人工智能的研究提供了丰富的知识和研究方法。人工智能研究的主要内容如图 2-2 所示。

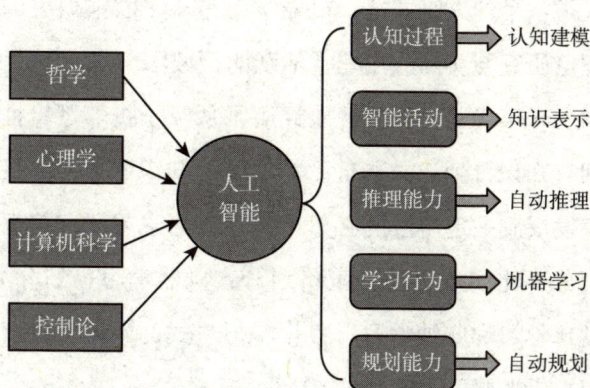

图 2-2　人工智能研究领域

认知建模：由于人类的认知过程复杂，建立认知模型的技术称为认知建模，目的是从某些方面探索和研究人的思维机制，尤其是人的信息处理机制。

知识表示：人类的智能活动过程主要是一个获得并应用知识的过程，人类通过实践，认识到客观世界的规律性，经过加工整理、解释和改造形成知识。而为了使计算机具有智能，使其模拟人类的智能行为，须使它具有适当表示形式的知识。

自动推理：通过一个或多个已知的前提推断出一个新结论的思维形式称为推理，人解决问题就是利用以往的知识通过推理得出结论的。自动推理的理论和技术是专家系统、智能机器人等研究领域的重要基础。

机器学习：知识的表示与运用知识的推理算法是人工智能的核心，而机器学习是人工智能的关键问题，机器学习主要研究如何让机器模拟或实现人类的学习行为，使其自动获取新的知识或技能，重新组织已有的知识结构使之不断改善自身的性能。只有让机器具有类似人类的学习能力，才有可能实现人类水平的人工智能，机器学习是人工智能研究的核心问题之一，是当前理论研究与实际应用非常活跃的领域。

从 20 世纪 50 年代起，人工智能经历了从赋予机器逻辑推理的能力到设法让机器拥有知识再到让机器自己能够学习知识的过程。机器学习就是人工智能研究发展到一定阶段的必然产物。机器学习研究依据不同的分类标准有多种划分，比如按照学习策略划分，机器学习可划分为机械学习、示教学习、类比学习和归纳学习；根据学习方式的不同，机器学习可划分为有监督学习、无监督学习[1]。

有监督学习（supervised learning）：最为典型的应用就是分类（classification）、回归（regression），有监督学习输入的训练数据具有标签，学习的过程就是在有标签"监督"的情况下找出特征与标签之间的关系。

无监督学习（unsupervised learning）：与监督学习不同，输入的数据没有标签，这类学习最典型的应用是聚类（clustering），学习的过程是根据数据、特征之间的内在联系来划分样本空间。

目前机器学习有了十分广泛的应用，如数据挖掘、计算机视觉、诊断、语音识别、自然语言处理等，表 2-1 介绍了机器学习的几个经典算法。

---

[1] F. Barboza, H. Kimura, E. Altman. Machine Learning Models and Bankruptcy Prediction. *Expert Systems with Applications*，2017，83：405-417.

表 2-1   机器学习的经典算法

算法	简介
K-means 算法	聚类方法，将数据划分为 K 个聚类
支持向量机（support vector machines，SVM）	监督学习方法，应用于统计分类与回归分析中
Apriori 算法	一种最有影响的挖掘布尔关联规则频繁项集的算法
K-近邻算法（k-nearest neighbor，KNN）	一个样本的类别与其在特征空间中最为相似的 K 个样本中的大多数相同，常用于分类和回归
分类回归树（classification and regression tree，CART）	应用广泛的决策树学习方法，由特征选择、树生成及剪枝组成，用于分类和回归
朴素贝叶斯（naïve bayesian model）	朴素贝叶斯法是基于贝叶斯定理与特征条件独立假设的分类方法
逻辑回归（logistic regression）	强大的统计学方法，通过使用逻辑函数来估计概率，从而衡量类别依赖变量和一个或多个独立变量之间的关系

2.2.2　研究领域

人工智能的研究主要集中于如下领域。

专家系统：是人工智能最活跃、最广泛的领域之一。专家系统主要使用人类专家推理的计算机模型来处理现实世界中的复杂问题，其包含了大量的某个领域专家水平的知识与经验，并利用人类专家的知识和解决问题的方法来处理该领域问题。例如医院的基于专家系统的辅助诊断系统。

数据挖掘：是人工智能和数据库领域的研究热点，利用人工智能自动分析数据并从中得到潜在隐含的知识，从而帮助决策者做出合理正确的决策。例如各大购物网站根据用户历史浏览的信息给出推荐的商品信息等。

自然语言处理：研究计算机通过人类熟悉的自然语言与用户进行听说读写等形式的交流技术，研究包含：语言计算、语音识别、信息检索、文本分类等。常见的应用比如智能的机器翻译、垃圾邮件处理、机器聊天等。

模式识别：研究如何让机器模拟人类识别的行为，使其学会从背景中识别感兴趣的模式，并做出准确的判断。例如指纹识别，车牌识别以及语音输入法等。

智能机器人：智能机器人是一种自动化的机器，具备与人或生物相似的智力能力，如感知能力、规划能力、动作能力和协同能力等。目前智能机器人种类很多，如水下机器人、医疗机器人等。

2.2.3　我国主要应用领域

我国开展人工智能的起步时间较晚，但发展迅速。据 2016 年全球人工智能发展报告,[①] 全球人工智能企业主要集中在美国、中国、英国等少数国家，上述三国的企业数量占全球总数的 65.73%，具体的数量分布如图 2-3 所示。同时，我国人工智能专利数量位居世界第二（美国：26891，中国：15745，日本：14604），图 2-4 为我国人工智能专利在细分领域中的分布。

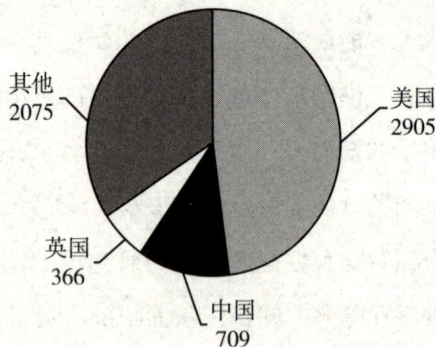

图 2-3　全球人工智能企业数量分布

资料来源：乌镇智库，《乌镇指数：全球人工智能发展报告（2016）》。

① 乌镇智库：《乌镇指数：全球人工智能发展报告（2016）》。

美国人工智能申请专利细分领域百分比				中国人工智能申请专利细分领域百分比			
		类型	百分比（%）			类型	百分比（%）
1		机器人	32.0	1		机器人	38.3
2		语音识别	24.0	2		神经网络	17.9
3		神经网络	14.9	3		图像识别	10.4
4		机器学习	6.8	4		语音识别	8.1
5		图像识别	5.4	5		计算机视觉	5.9

图 2-4 细分领域专利分布

资料来源：乌镇智库，《乌镇指数：全球人工智能发展报告（2016）》。

可见，我国人工智能的理论研究与应用发展都走在了世界前列，目前我国人工智能企业的主要应用领域如下。

1. 电商零售

人工智能在电商零售领域的应用，主要是利用大数据分析技术，智能地管理仓储与物流、导购等方面，用以节省仓储物流成本，提高购物效率，简化购物程序。

某公司的智能仓储管理系统，利用电商平台上采集的大量用户数据、商品数据和供应商数据，来支持仓储物流的精准定位分析，替代人工分单，在路线配送和客户选择上实现优化。

2. 安防

人工智能在安防中的应用主要是依靠视频智能分析技术、模式识别技术对监控画面进行分析与识别，从而采取安防行动。主要应用包括智能监控和安保机器人等。

目前制造的智能巡逻机器人产品，采用模式识别技术和图像算法，实现自主巡逻、路径规划、突发事件快速响应巡查、异常情况的自动报警等功能，可保证夜间巡逻安全。

3. 教育

人工智能进入教育领域主要能实现对知识的归类，以及利用大数据的搜集并通过运算为学生计算学习曲线，为使用者匹配高效的教育模式。同时，针对儿童幼教的机器人能通过深度学习，与儿童进行情感上的交流。智能大教育主要体现在智能评测、个性化辅导、儿童陪伴等场景。

4. 医疗

人工智能在医疗健康领域的应用，主要是通过大数据分析，完成对部分病症的诊断，减少误诊的发生。同时，在手术领域，手术机器人也得到了广泛应用。应用场景主要是医疗健康的监测诊断、智能医疗设备等。较知名的企业有华大基因、碳云智能、麻省理工学院的达·芬奇外科手术系统等。

5. 个人助理

人工智能系统在个人助理领域的应用最为官方和相对成熟。即通过智能语音识别、自然语言处理和大数据搜索，深度学习神经网络，实现人机交互。个人助理系统在接受文本、语音信息之后，通过识别、搜索、分析然后进行回馈，返回用户需要的信息的过程。某公司开发的对话式人工智能助理，采用了语音识别、自然语言处理和机器学习技术，用户可以使用语音、文字或图片，以一对一的形式进行沟通，实现信息查询、日程管理、生活服务等功能。

6. 自动驾驶

人工智能在驾驶领域的应用最为深入。通过依靠人工智能、视觉计算、雷达、监控装置和全球定位系统协同合作，电脑可以在无人类主动的操作下，自动安全地进行操作。自动驾驶系统主要由环境感知、决策协同、控制执行组成。目前自动驾驶在人工智能领域中的主要应用场景包括智能汽车、公共交通、快递用车、工业应用等。

2.2.4　人工智能与金融

除上述应用领域，人工智能在金融领域也得到了广泛应用。在金融领域，人工智能逐渐深入到大数据征信、贷款、风控等众多方面，金融智能化已是大势所趋①。

金融领域采用人工智能技术，一方面，使金融服务更加主动与智慧从而能够提升效率；另一方面，利用人工智能能够提升数据的处理能力，辅助决策并且有助于提升风险控制能力。目前，人工智能主要应用在智能投顾、智能客服、智能量化交易、安防、生物身份验证等场景。通过机器学习、语音识别、视觉识别等方式来分析、预测、辨别交易数据、价格走势等信息，从而为客户提供投资理财、股权投资等服务，同时规避金融风险，提高金融监管力度。具体的例子包括：

（1）智能客服。交通银行推出智能网点机器人，采用语音识别和人脸识别技术，可以进行语音交流，完成客户指引和介绍银行的各类业务等。

（2）智能量化交易。长信量化先锋混合（519983），该基金通过人工智能模型进行智能选股，自动优化投资策略，在量化产品里表现亮眼，2015 年 9 月至 2016 年 9 月一年的收益率为 64.39%，居同类 1146 只基金的

---

① 程东亮：《人工智能在金融领域应用现状及安全风险探析》，载于《信息安全》2016 年第 9 期。

第三位。

（3）安防。平安集团设立了平安科技人工智能实验室，大规模研发人工智能金融应用，包含人像识别技术，提高银行物理区域的安全性。

（4）智能投顾。智能投顾就是通过人工智能，基于投资组合理论，来为用户制定投资组合，目前我国提供此服务的公司很多，包括招商银行的摩羯智投、京东金融智投、平安一账通、宜信投米 RA 等。

2.2.5　监管

在享受到人工智能给人们带来的便利时，也不应忽视目前人工智能的发展依然处于非常初级的阶段，一些人工智能技术尚未成熟，可能存在一定的风险。2016 年 3 月 26 日，微软开发的 Twitter 人工智能聊天机器人 Tay 上线首日就出现了问题，不但辱骂用户，还发表了种族歧视和性别歧视言论，造成十分恶劣的影响。

在金融领域，应用人工智能同样存在一定的风险，比如在交易、投资组合管理和信用评估等许多应用中，人工智能尚处于实验阶段。用户信息安全、隐私和数据质量上仍存在许多风险。现有的法律和监管体系下，对于人工智能的监管十分困难，无法界定责任主体，因此导致了对新的监管体系的需求。

针对人工智能的监管，美国政府在特定的领域（如自动驾驶领域）开始了小范围的实践，同时也组织了一系列有关人工智能收益与风险的研讨，包括：与人工智能相关的法律与监管事务（西雅图），人工智能的安全与控制（匹兹堡）等，一方面涵盖了立法到监管原则的确定；另一方面探讨了人工智能可能存在的缺陷与安全控制原则。在英国，为了应对人工智能科技越来越多地融入其他科技应用的大趋势，英国下议院的科学和技术委员会（The House of Commons' Science and Technology Committee）在2016年10月发布了一份《机器人技术和人工智能》报告。该报告侧重阐述了英国将会如何规范机器人技术与人工智能系统的发展，以及如何应对其发展带来的伦理道德、法律及社会问题[①]。我国政府虽然在最近几年一直大力推进人工智能产业的发展，但是重心始终还是放在鼓励技术研发方面。目前还没有相应的法律法规、监管体系和管理架构来适应当前人工智能技术的发展。如何通过合理监管以有效引导人工智能技术的发展，是我们亟须考虑的问题。

2.3　智能投顾

智能投顾（robo-advisory）概念产生于美国。得益于美国市场量化投资和 ETF 基金的蓬勃发展，2008 年硅谷的两家金融科技初创公司Wealthfront 和 Betterment 先后推出以优化长期资产配置为目标的智能投顾产品。随后，智能投顾在全球得到了快速发展，经营智能投顾业务的公司既包括创新型初创科技公司，也包括银行和证券公司等传统金融机构，市场遍布美国、欧洲、中国、澳大利亚、加拿大、新加坡等国家和地区。从业务规模看，美国是智能投顾行业规模最大的市场，同时保持着较快的发展速度。据 Credio 数据显示，美国智能投顾行业资产规模从 2014 年的 43亿美元，上涨至 2015 年的 1218 亿美元，而 2016 年资金管理规模飙升至

---

① 腾讯研究院：《人工智能各国战略解读：英国人工智能的未来监管措施与目标概述》，载于《电信网技术》2017 年第 2 期。

3000 亿美元左右。另据咨询公司 A. T. Kearney 预测，2020 年美国智能投顾行业资产规模或将达到 2.2 万亿美元！

近年，人工智能概念火爆，智能投顾乘势迅猛发展。但从发展阶段来看，智能投顾行业目前仍处于发展的初级阶段。咨询机构 Chappuis Halder 的数据显示，全球的智能理财市场规模（187 亿美元）仅占全部理财市场规模（72 万亿美元）的 0.03%，并且大部分智能投顾创业公司仍处于融资发展阶段，尚未实现盈利。更重要的是，大部分平台宣传的"智能"，其实只是实现"自动化"，"智能投顾"离"人工智能"还有较远距离。

2.3.1　流程及特点

依据美国金融监管局（FINRA）2016 年 3 月发布的《数字化投顾建议》（*Digital Investment Advice Report*），理想的智能投顾如图 2-5 所示，包括七个步骤：客户分析、大类资产配置、投资组合选择、交易执行、组合再平衡、税负管理和组合分析。下面以美国智能投顾平台为例，介绍平台投顾流程及特点。

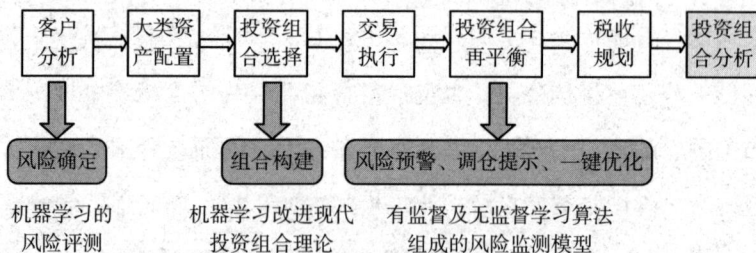

图 2-5　理想智能投顾流程

1. 基于用户画像的个性化服务

要为投资者提供符合个人情况的精准投资建议，智能投顾平台首先需要获得用户画像。目前，主流的智能投顾平台在进行客户分析和画像时，基本均采用调查问卷和询问打分形式。平台要求投资者回答一些涵盖行为金融学、投资学、财务状况和投资目的等方面的问题，了解投资者偏好、风险容忍度和理财投资目标。例如，美国嘉信公司推出的智能投顾产品——嘉信智能资产配置产品（Schwab Intelligent Portfolios），为投资者设计的调查问卷里包括投资者的年龄、收入、财富、风险承担意愿、产品类型偏好等，并且对问题答案设置分数，最终分值越高，代表用户的风险承担能力或意愿越强。Wealthfront 同样通过用户填写金融资产规模和投资倾向等个人信息来了解和评估投资者的风险偏好和风险承受能力，并将得到的风险偏好分数用于资产配置模型中。而 Betterment 公司则只需要了解投资者的年龄、年收入状况、投资期限和投资目标（安全保障、退休基金、一般投资），并没有风险偏好调查。Betterment 认为，投资期限、投资目标以及资金支出计划是资产配置需要考虑的首要问题，其本身就反映了投资者的风险承受能力。用户画像未来发展势必朝着打破数据"瓶颈"的方向前进，打通用户消费、投资和行为偏好等数据通道，利用大数据和机器学习方法实现对用户偏好和投资能力的精准刻画。

2. 智能投顾追求"最优化组合"而非"高收益"

智能投顾的一个显著特点在于其追求的是"最优化组合"而非"高收益"。众多知名智能投顾平台的大类资产配置和投资组合选择过程中，现代资产组合理论（modern portfolio theory）、资本资产定价模型（capital asset pricing model）和 Black-Litterman 模型为智能投顾提供了理论支撑。

现代资产组合理论由马科维茨（Markowit）于 1952 年提出，该理论定义了资产配置的有效前沿（efficient frontier），即在确定风险水平下使收益最大化，或者在确定收益水平下使风险最小化的资产组合集。即在用户的风险承受范围内给出资产配置的最优解，借助量化投资工具帮助投资者进行组合优化及风险管理。所谓"最优解"，就是对风险和收益的平衡，而不是单纯地追求"高收益"。MPT 为智能投顾平台提供了选择大类资产去分散风险，从而获得市场平均收益的方法。当大类资产间的相关度低，甚至一些大类资产存在负相关时，就可以通过调整投资配比来获得比较稳定的收益，从而分散非系统性风险。例如，Wealthfront 的投资标的选择美国股票、新兴市场股票、美国国债、美国公司债、通货膨胀保护债券、房地产等 11 个资产大类。嘉信智能资产配置产品首先根据数据质量、透明度和系统功能确定代表各资产类别的标的指数，分为股票、固定收益、大宗商品和现金四大类，然后在每一类下面再进行细分，比如股票细分为新兴市场股票、美国市场股票、高股息股票等。

鉴于 MPT 构建的投资组合存在对输入的参数过于敏感以及估计误差被放大等缺点，一些平台使用 Black-Litterman 模型代替 MPT 确定大类资产的投资组合。Black-Litterman 模型利用概率统计方法，将投资者对大类资产的观点与市场均衡回报相结合，从而对每类资产形成一个科学的预期回报。直观上看，一种资产的期望收益等于市场均衡收益和投资者主观期望收益的加权平均。平台使用 Black-Litterman 模型修正 MPT 结果，同时加入对投资者预期的考量，使资产配置结果更加符合需求。

资本资产定价模型是由夏普（Sharpe）等人于 1964 年在 MPT 基础上发展起来的，主要研究预期收益率与风险之间的关系以及如何确定资产的均衡价格。CAPM 认为组合分散化程度越高，组合风险越低，同时人们在长期投资中只能获得和系统性风险相匹配的收益。智能投顾平台利用

CAPM 确定每种资产的预期收益，同时 CAPM 也为被动化投资提供了理论支持。

智能投顾基于以上理论进行实际操作，目前发展较好的智能投顾企业大多遵循被动化投资、分散投资的原则。例如，Wealthfront 的投资标的包括 11 种 ETF 基金，涵盖了美国股票、美国债券、新兴市场股票、房地产、自然资源等；Betterment 投资标的包括 6 种股票型 ETF 和 7 种债券型 ETF。使用 ETF 作为投资标的，可以有效分散风险，同时，被动化投资也可以降低交易成本，提高投资的透明度。

3. 投资组合再平衡

完成配置选择并执行交易后，投顾平台还需要对投资组合进行后续跟踪、风险管理和组合调整，判断组合是否能够满足投资者的目标或者是否适应市场波动。当组合与投资者的目标明显偏离，或个别资产价格达到风险阈值时，平台会发起调整资产配置的请求，并拟合出新的收益曲线，由用户决定是否要更改配置。同时，用户也可以自己调整资产配置，调整后机器拟合出收益率曲线，让用户判断是否接受。这个过程称为投资组合的再平衡。

4. 税负管理是美国智能投顾平台的特色

在美国，智能投顾不仅基于投资者目标和风险管理规划提供投资组合优化建议，同时还会提供增值服务——税负管理，产品自动提供税收亏损收割节税功能。税收收割指的是，卖出投资者亏损的资产，抵免一部分资本利得税，同时买入其他类似资产，从而达到合理节税和增加客户净收益的目的。例如，多数智能投顾产品包括的自动组合调整（automatic rebalancing）、自动税收收割（automatic tax loss harvesting）、税收优化组合设计

（tax optimized portfolio design）等功能均是服务于美国个人所得税体系的税收服务。

组合分析是指平台对资产管理绩效进行事后评价，获得投资反馈。例如，嘉信公司推出的嘉信智能资产配置产品，通过税收收割交易次数、组合调整次数、节税比率、跟踪误差四个指标评价投资建议的优劣。

2.3.2 美国智能投顾行业发展及特点

全球最早的智能投顾公司是 2008 年在美国硅谷成立的 Betterment 和 Wealthfront，这两家金融科技企业主要面向中产阶层及长尾客户。Wealthfront 目标客户群是 20～30 岁左右从事科技行业、具有一定经济实力的中产阶层，如 Facebook 和 Twitter 等公司的职员。Betterment 的目标客户为年收入大约在 20 万美元以上，核心客户大部分拥有高学历的美国职场人士。当前，美国智能投顾行业依托低成本、自动化、个性化和高透明度等优势得到快速发展，包括 Personal Capital、Future advisor、SigFig 在内的一批新兴公司正逐步发展壮大。

从 2015 年开始，传统金融机构加入智能投顾行业浪潮，纷纷推出智能投顾产品或收购相关业务平台。2015 年 3 月，嘉信（Charles Schwab）推出了智能投顾产品嘉信智能资产配置产品；5 月，先锋（Vanguard）开展智能投顾业务——私人投顾服务（personal advisor services）；8 月，全球最大的资产管理公司贝莱德（Black Rock）宣布收购理财服务公司 Future Advisor；2016 年，高盛收购线上退休账户理财平台 Honest Dollar，加入竞争。

与新兴创新平台相比，传统金融机构依靠多年累积的资金、客户、产品、销售渠道及品牌等优势，更容易通过转型在竞争中抢夺领地，迅速崛起。以 Vanguard 为例，Vanguard 自身拥有全行业最优质且低费率的指数基金，全球股票 ETF 的费率仅为 0.17%，股票市场 ETF 仅 0.05%，优质且低成本的 ETF 资源使 Vanguard 公司开展智能投顾业务时有了绝佳的底层资产。

从目前美国市场看，传统金融机构已成为该行业的领导者。咨询公司 A. T. Kerney 调查数据显示，2017 年初，嘉信（19.2%）和先锋（19.2%）智能投顾产品的用户份额占全美市场前两位，Future Advisor（16.9%）排名第三，Wealthfront（15.4%）、Betterment（10%）分列第四位和第五位。截至 2017 年上半年，Vanguard 推出的个人顾问服务（personal advisor services）以 470 亿美元位列智能投顾托管资产额第一位；Charles Schwab 的智能投顾产品（intelligent portfolios）以 123 亿美元位列第二，Betterment 和 Wealthfront 则以 67 亿 美元和 43.48 亿美元分别位列第三、第四位。

表 2-2 给出了美国最主要的提供智能投顾服务公司的信息，从产品、费用与成本、投资门槛和投资标的等方面进行对比。

表 2-2 美国主要智能投顾平台对比

公司	产品	费用与成本	资金门槛（美元）	投资标的
Charles Schwab	schwab intelligent portfolios	无客户收取咨询费用、账户服务费用和佣金，客户只需要承担较低的 ETF 运营费用 0.03%~0.55%	5000	股票、固定收益产品、房地产、大宗商品和现金等一共 54 只 ETF。每个投资组合由不超过 20 种不同种类资产构成，包括股票、固定收益产品、房地产、大宗商品、现金，用以分散化投资

公司	产品	费用与成本	资金门槛（美元）	投资标的
Vanguard	vanguard personal advisor services	0.3%管理资产，0.14%~0.3%赎回费	50000	Vanguard 自有 ETF 和（股票型和债券型）mutual fund 在内的资产
Goldman Sachs	honest dollar	每月 5 美元+产品费	0	Vanguard 股票和债券 ETF
Blackrock	future advisor	每年投资资产的 0.5%	10000	股票、债券型 ETF 和现金等资产
Wealthfront	wealthfront	10000 美元以上部分 0.25% 的资产管理费；0.05%~0.4% ETF 交易费用	500	包括美国股票、新兴市场股票、美国国债、房地产、大宗商品在内的 11 类 ETF
Betterment	betteremnt	0.15%~0.35%资产管理费；0.05%~0.34% ETF 交易费	0	包含 12 个 ETF，其中包括大/中/小型价值基金，但不包含房地产和自然资源类基金
Personal Capital	personal capital	0.49%~0.89%管理资产	25000	股票、债券型 ETF、固定收益产品、证券、现金等资产
传统资产管理公司		0.75%~1.5%管理资产+费用	1000000	

资料来源：各公司官网。

据 Credio 统计，依据交易方式，美国的智能投顾平台可做如下分类。完全自动交易（fully automated platform）的占 50%，自执行交易（self-executed trades）的占 20%，在交易前需要人工顾问检查（advisor-executed trades）的占 30%。采取完全自动交易的平台多为创业科技公司，这类公司注重算法和纯机器投顾模型的开发，旨在为用户提供全新便捷高效的投资模式。知名的平台 Wealthfront、Betterment 和 SigFig 等公司均采用纯机器执行的投顾过程。

而传统基金公司，如 Vanguard、Charles Schwab、Fidelity，开展智能投顾业务时，通常采用混合模式，即人工参与决策与机器决策结合。以 Vanguard 为例，投资者使用个人顾问服务之前，会有专业的投资顾问进行先期沟通，在确定了诸如退休计划、财务管理或大学储蓄等明确目标之后，再把该方案的投资组合交由机器人处理。而对于投资超过 50 万美元的投资者，Vanguard 还会为他们安排专属的财务顾问。Black Rock 旗下的 Future Advisor 则采取了不同的方法。投资者可以直接使用 Future Advisor 链接到自己的 401K 账户，在综合分析投资者账户之后，Future Advisor 会根据每个人年龄和账户金额提供个性化的投资建议，并定期提醒自动再平衡。由此可见，智能投顾已经不再是简单地利用科技手段为投资者提供资产配置建议，大型金融机构将自身的强大优势注入之后，金融服务综合化的特征正在逐渐体现。

2.3.3 中国智能投顾行业发展现状

中国智能投顾起步于 2015 年，最初只有 5 家初创企业且均尝试复制美国智能投顾商业模式。到目前为止，提供智能投顾服务或者正在研发智能投顾产品的互联网理财平台约 50 家。互联网公司积极拓展金融服务市场，出现了如百度金融、蚂蚁金服、京东金融等平台；同时传统金融机构也展开布局，如嘉实基金、中国平安、民生银行、招商银行等，先后推出了多款智能投顾产品和业务。此外，市场还涌现了一批智能投顾初创企业，如弥财、璇玑、投米等。整体来看，我国智能投顾行业处于初期阶段，行业整体市场规模相对有限，且该行业目前处于混战时期，没有一个产品能占据较大市场份额。按照我国智能投顾平台业务模式，可以分为以下三类：

第一类，完全模仿 Wealthfront、Betterment 等美国主流创业公司的业务模式，对接海外证券公司后直接投资美国市场 ETF，投米 RA、蓝海智投和弥财为典型代表。

第二类，平台仅为投资者提供配置建议和"一键购买"按钮，投资者购入资产后，平台不再对平台账户进行操作，如平安一账通、京东智投、招商银行摩羯智投等。投资标的涉及国内公募基金、QDII 基金、保险、母公司理财产品、P2P 等。这类投顾更像"金融超市"和导流工具。

第三，受限于国内政策，投资于国内资产的投顾公司不能对账户进行后续操作，仅担任基金销售角色。大多数智能投顾平台选择与获得销售牌照的基金公司合作；或者基金或证券公司直接开通智能投顾业务，平台监测并向用户发出调仓提醒。这类平台也是国内智能投顾采用的主流模式，以璇玑、金贝塔为代表。

本书选择了国内 5 家较有代表性的智能投顾平台，从公司背景、投资策略、资产池以及起投金额等方面进行了对比，见表 2-3。

表 2-3　　　　　　　　中国主要智能投顾平台对比

产品名称	招商银行摩羯智投	平安一账通	京东智投	弥财	璇玑
公司背景	传统金融机构	传统金融机构	互联网巨头	创新企业	创新企业
上线时间	2016.12	2015.4	2016.1	2015.4	
投资策略	分散被动管理	综合性资产跟踪、理财平台	推荐适合预期理财产品，不提供后续调仓服务	分散被动管理	兼顾主动管理与被动投资
资产池	股票、债券 ETF，另类资产、现金等 11 项资产	平安旗下产品、其他 50 家机构账户、产品	主动管理型公募基金、京东小金库（京东自有理财产品）、被动 ETF	国外股票指数企业/政府债券、黄金期货在内的 ETF	国内和海外股票、债券、商品、国内货币基金

资料来源：各公司官网。

2.3.4　中美智能投顾行业对比

1. 投资者类型

美国投资者多数为成熟稳健型投资者，投资观念成熟，且以机构投资者为主。从投资风格来看，投资者以长期被动型投资为主，看重资产配置。而中国投资者以分散投资型投资者为主，超过半数为散户投资者，投资水平参差不齐。散户投资偏向短线操作，投机较强，看中个股机会。中国投资环境、投资理念对被动投资策略产品的接受还需要时间。

2. 投资标的

自 1993 年美国推出全球第一只 ETF 基金 SPDR（跟踪标普 500 指数的存托凭证）以来，美国 ETF 基金快速发展。截至 2017 年 11 月初，美国市场 ETF 数量达 2000 多支，覆盖股票、债券，以及贵金属、工业金属、能源、农产品期货等各个投资领域，而且投资于发达国家、新兴市场国家等全球市场。由于美国市场的 ETF 产品丰富，而且被动型基金产品费率较低，因此，美国智能投顾平台多选择被动化投资策略，且以投资 ETF 产品为主。

截至 2017 年 11 月初，中国的 ETF 数量共 164 支，且其中 124 支属于传统股票型 ETF，债券型 ETF、商品型 ETF 数量较少，无法充分地分散风险。优质资产池资源的缺乏，使国内大多数智能投顾平台转投公募基金，这使交易的申购费和赎回费增加，投资者收益受到影响。此外，国内市场交易规则复杂，不同基金的赎回到账时间不同，有 T+0、T+3 甚至 T+7，调仓的时效性无法保证。另外，选择模仿海外平台模式，直接投资海外 ETF 平台，满足投资者全球资产配置需求的同时，受 QDII 基金份额限制以及换汇限额（每年仅有 5 万美元结售汇的额度，国家外汇管理局对于分拆结售汇明令禁止）的影响，平台未来发展仍面临较强的不确定性。例如，证监会 2016 年 7 月发布风险提示，境内投资者通过境内互联网公司平台网站或移动端参与境外证券市场交易的，没有法律保障。

3. 政策环境

美国基础监管政策明确，智能投顾机构接受 SEC 监管，受《1940 年投资顾问法》约束，需获得注册投资顾问（RIA）牌照，此牌照涵盖智能投顾涉及的所有服务内容（资产管理、证券投资建议、理财规划）。例如，Betterment 和 Wealthfront 已在 SEC 注册，先锋、嘉信等传统基金公司已经拥有牌照，可直接经营智能投顾业务。2017 年 2 月美国 SEC 发布了智能投顾的升级指导意见《网络自动咨询服务（即智能投顾）合规监管指南》，要求进一步加强平台信息纰漏管理，保护消费者权益。

中国智能投顾兴起较晚，监管主体尚不明确，监管政策模糊。首先在于牌照困境，目前证监会尚未颁发任何智能投顾牌照。其次，我国证券投资资金运作和托管分离，即基金管理人负责基金的投资运作和管理，由基金托管人负责保管基金资产以及资金的进出，实行分业管理，完整的智能投顾过程开展面临较大的政策不确定性。2016 年 8 月 19 日，证监会强调将进一步加强机器人投顾（即智能投顾）的监管，限制通过机器人自动下单，明确了投资咨询与资产管理业务互相分离的原则。2017 年 11 月，央行、证监会、银监会、保监会发布《关于规范金融机构资产管理业务的指导意见（征求意见稿）》（以下简称《资管指导意见》），《资管指导意见》第二十二条阐述了未来智能投顾的监管方向，提到备受业界关注的牌照和资质问题以及算法监管的要求，为智能投顾平台合规发展提出了基本原则，意味着智能投顾行业首次正式纳入监管。

2.3.5 《资管新规》指导智能投顾行业发展

传统资产定价模型和行为金融学理论为智能投顾提供了理论支撑，同时人工智能技术也使传统的金融理论得到了新的应用和发展。但需要明确的一点是，"智能投顾"仍是金融属性，其本质在于利用算法和技术手段实现股票、基金、保险等多种金融产品的分散化长期投资，因此，不管是行业参与者还是监管者都需要高度重视其可能触发的金融风险。

2017年11月，"一行三会"联合发布的《资管指导意见》首次对智能投顾行业提出监管要求和方向，关键内容如下：

第一，资质问题。资管新规中提到，"金融机构运用人工智能技术、采用机器人投资顾问开展资产管理业务应当经金融监督管理部门许可，取得相应的投资顾问资质"，这意味着未来金融机构开展智能投顾业务必须获得金融经营牌照，需要"持证上岗"。区别于传统的人工投资顾问，不管是智能投顾业务公司的资质，还是机器算法的可行性，都处于监管的灰色地带。

从智能投顾的流程来看，涉及现有牌照种类较多，如基金销售牌照、证券投资咨询牌照、资产管理牌照等。上述三类牌照一般由传统金融机构或者大型商业集团获得，申请流程较为复杂且要求严格。《资管指导意见》出台后，现有的牌照体系和监管办法可能倒逼部分投顾平台调整业务模式，或主动与传统金融机构合作开展。以基金销售为例，投顾平台提供配置建议并推荐产品，通过对接基金公司账户完成销售工作。另外，为应对新业态的出现，监管层是否会从功能监管的角度颁发相应牌照或提供资质备案审核，仍是业界拭目以待的问题。例如"资产配置牌照"，是由中国证券投资基金业协会会长洪磊在 2017 年 8 月首次提出的。他建议，"在《基金法》框架下，制定大类资产配置机构及产品的相关法规，通过功能监管允许机构投资者申请大类资产配置牌照，并核准其发行相关产品"。

第二，为投资者单设智能投顾账户。《资管指导意见》中提到，要"明晰交易流程，强化留痕管理，严格监控智能投顾的交易头寸、风险限额、交易种类、价格权限等"。参照海外金融机构的实践，美国投顾平台Personal Capital 直接关联投资账户，通过平台连接使用者账户为其提供全方位金融账户跟踪和分析，根据用户收益提出优化建议。单设账户的直接好处在于为适当性管理、数据统计等实际业务操作提供便利，有利于监管层清晰地认识智能投顾业务的运行情况和发展动态，从而制定进一步的监管规范，金融机构也可以依此制定业务策略。

第三，加强算法和模型的评估。《资管指导意见》提到，从事智能投顾业务的金融机构需要向监管部门"报备智能投顾模型的主要参数以及资产配置的主要逻辑"，这一点与美国金融监管局 FINRA 在 2016 年 10 月发布的《数字化投顾建议》中提到的"应加强直接影响结果的算法、模型、程序和智能体等环节管理和评估"一致。目前，我国智能投顾平台从获得用户风险偏好到制定资产配置组合的中间操作环节始终由平台掌控，对消费者和监管层来说均处于"黑箱"状态，难以判断"智能化"建议的真伪，且多数平台投资标的选择是否具有独立性和客观性也难以保证。

此外，《资管指导意见》还提到了算法同质化问题："金融机构委托外部机构开发智能投顾算法，应当要求开发机构根据不同产品投资策略研发对应的智能投顾算法，避免算法同质化加剧投资行为的顺周期性"。算法同质化可能会导致企业之间的恶性竞争，同时也可能引发"羊群效应"。所以，加强对算法和模型的评估，有利于行业的健康发展和投资者权益保护，同时也提高了对智能投顾平台资质的要求，避免打着"智能"幌子和炒作"智能投顾"概念的平台扰乱金融市场。

2.3.6 小结

人工智能是 21 世纪三大尖端技术之一，随着当前云计算、大数据和深度学习等信息技术的发展，人工智能迎来了一个新的大发展时期。在我国，人工智能在各领域中都有了广泛成功的应用，为人们的生活提供了极大的便利，人工智能与金融领域的结合更是大势所趋，机遇与挑战并存。与此同时，人工智能的研究与发展还处于初级阶段，存在一定的风险，为保障人工智能行业的健康快速发展，制定合理的相关法规和条例来监管人工智能技术，规避人工智能可能存在的风险是我国政府亟须考虑的问题。

整体来看，算法和模型是智能投顾产品的核心竞争力。一方面，结合国内资产池多为公募基金的特点，关注智能技术开发的平台可以考虑结合交易频率、规模、调仓规则和摩擦成本等维度，利用算法来寻找最优调仓方式，提升调仓效率，节省投资人时间成本和交易费用，增加投资人净收益，增强平台竞争力。另一方面，2016 年以来，中国众多金融机构特别是传统金融机构正在金融科技领域积极布局，但如何结合自身优势进行差异化竞争，在智能投顾行业中实现弯道超车，能否如美国市场一般成为市场的领导者，仍需时间验证。

第 3 章　金融科技监管

3.1　引言

金融科技是指通过技术手段推动金融创新，形成对金融市场、机构及金融服务产生重大影响的业务模式、技术应用以及流程和产品。Deutsche Bundesbank 在 2016 年的一份报告[①]中将金融科技的应用场景，分为移动支付与证券结算、网贷众筹与即时信用、智能投顾与资管保险以及核心技术，包括区块链、大数据、云计算和人工智能等，如今金融科技的蓬勃发展已然成为全球发展的共性。

金融科技的出现有利于提升金融业效率，降低成本，促进行业竞争，增强金融体系的透明度，提升金融包容程度，助力数字经济发展。在近期去全球化和贸易保护主义抬头背景下，金融科技可以通过技术创新和数据共享，加速区域互联互通，促进经济增长的包容性。但金融科技发展在带

[①] Deutsche Bundesbank. Financial stability review 2016. *Financial Stability Review*, pages 67-76, 2016.

来机遇的同时也蕴含风险，如信息安全风险、业务集中性风险等，并对未来货币政策、金融稳定带来潜在影响。

面对金融科技带来的发展机遇和潜在风险，加强对金融科技业态及监管情况的梳理与研究很有必要。一是有助于识别金融科技带来的机遇和风险，推动我国金融科技行业健康发展，促进数字经济的繁荣和蓬勃发展。二是有助于加强监管沟通，完善我国金融科技监管框架。三是加强金融科技领域的合作交流，助力全球金融科技发展。四是推广中国在金融科技发展及监管方面的经验，加强国际沟通与交流。

针对其可能暴露的风险，目前，各国都在加紧完善金融科技监管框架，加强国际协调。本章主要解读中国和世界主要国家 2017 年金融科技监管动态，特别是中国金融科技监管框架，涉及火爆的虚拟货币市场和首次代币发行监管条例，主要国家对区块链技术的监管，英国、新加坡和中国香港等国家和地区"沙盒监管"模式比较及国际经验，以及中国互联网借贷、证券交换、基金、保险和投资顾问等多种商业模式监管体系和监管科技的发展。

3.2　中国金融科技监管框架

科技的发展是金融科技（FinTech）发展的主要动力，而基于这些新技术而衍生出的新的金融商业模式为金融科技的发展提供了平台和应用场景。因此，我国政府目前对金融科技监管的着力点不是技术，而是应用。新的技术不仅是监管的对象，更是监管的手段。这种不同的定位，使政府对金融科技的两个组成部分的态度是不同的。对于金融的部分是加强监管，防范风险，促进普惠金融；而对科技这部分的态度则是鼓励发展，提供支持。值得注意的是，中国政府目前在积极借鉴国际金融科技的监管经验，研究"沙盒监管"的具体措施和方法以及在中国的应用。

3.2.1 互联网金融监管体系

1. 政府监管

从 2014 年到 2017 年，"互联网金融"已经连续四年被写入政府工作报告，而互联网金融口径的变迁，也反映了国家的监管逐步落地、行业逐渐步入正轨的过程：2014 年，促进互联网金融健康发展，完善金融监管协调机制；2015 年，互联网金融异军突起，促进互联网金融健康发展；2016年，规范发展互联网金融，发展普惠金融和绿色金融；2017 年，对互联网金融等累积风险要高度警惕。

2015 年 7 月 18 日，央行会同工业和信息化部等十部委制定了《关于促进互联网金融健康发展的指导意见》（以下简称《意见》）。《意见》确立了"鼓励创新，防范风险，趋利避害，健康发展"的总体要求，和"依法监管，分类监管，适度监管，协同监管，创新监管"的监管原则。

2. 行业自律

中国互联网金融协会是由中国人民银行会同银监会、证监会、保监会等国家有关部委组织的国家级互联网金融行业的自律组织。协会单位会员包括银行、证券、保险、基金、期货、信托、资产管理、消费金融、征信服务以及互联网支付、投资、理财、借贷等机构，还包括一些承担金融基础设施和金融研究教育职能的机构，基本覆盖了互联网金融的主流业态和新兴业态，见表 3-1。

表 3-1 中国金融科技政府监管法规

监管主体	监管业务	主要法规
国务院	金融科技	《政府工作报告》(2014~2016 年)
十部委	互联网金融	《关于促进互联网金融健康发展的指导意见》
人民银行	互联网支付	《非金融机构支付服务管理办法》 《非银行支付机构网络支付管理办法》
证监会	股权众筹 基金销售	《私募股权众筹融资管理办法》 《货币市场基金监督管理办法》
银监会	网络借贷 互联网信托	《网络借贷信息中介机构业务活动管理办法》 《网络借贷资金存管业务指引》
保监会	互联网保险	《互联网保险业务监管暂行办法》

3.2.2 中国金融科技监管范畴

1. 互联网金融

(1)第三方支付。

监管主体是中国人民银行。《非金融机构支付服务管理办法》指出，网络支付是指依托公共网络或专用网络在收付款人之间转移货币资金的行为，包括货币汇兑、互联网支付、移动电话支付、固定电话支付、数字电视支付等。非金融机构提供支付服务，应当依据本办法规定取得《支付业务许可证》，成为支付机构。支付机构依法接受中国人民银行的监督管理。未经中国人民银行批准，任何非金融机构和个人不得从事或变相从事支付业务。支付机构之间的货币资金转移应当委托银行业金融机构办理，不得通过支付机构相互存放货币资金或委托其他支付机构等形式办理。申请人拟在全国范围内从事支付业务的，其注册资本最低限额为 1 亿元人民币；拟在省、自治区、直辖市范围内从事支付业务的，其注册资本最低限额为

3000 万元人民币。注册资本最低限额为实缴货币资本。对于本办法实施前已经从事支付业务的非金融机构，应当在本办法实施之日起 1 年内申请取得《支付业务许可证》。逾期未取得的，不得继续从事支付业务。

《非银行支付机构网络支付业务管理办法》（2015 年 12 月 18 日）清晰界定了支付机构网络支付业务的内涵和边界，明确了监管标准和规则，从业务和风险管理、系统和信息安全、信息披露和风险提示、客户权益保护和法律责任等方面作出系统性制度安排，对互联网金融跨市场风险建立必要的隔离机制，统筹把握现阶段便捷和安全的合理均衡。

孔蒂尼等（Contini et al.）系统地阐述了 2011 年美国网上支付和移动支付的发展情况，讨论了发展的阻碍和机遇。作者着重介绍了美国 NFC（near field communications）业务模式，与我国主流的 QR 二维码支付有着显著不同的发展路径。2010 年 1 月，美国亚特兰大和波士顿联邦储备银行协同主要的移动支付企业创立了 MPIW（mobile payments industry workgroup），目的是为移动支付的健康发展识别阻碍、潜在风险和机遇。同时，MPIW 也在尝试建立一个可以提升移动支付安全性和整体性的监管模型。赫尔南德斯（Hernandez，2014）则探讨了中国 QR 二维码支付带来的风险。

（2）网络借贷、互联网信托产品、互联网消费金融。

监管主体是银监会及其派出机构（行为监管）、各省级人民政府（机构监管）、工信部（业务监管）、公安部（安全监管）以及中国互联网金融学会（行业自律）[①]。《网络借贷信息中介机构业务活动管理暂行办法》（以下简称《办法》）指出，网络借贷为个体和个体之间通过互联网平台实现的直接借贷，把网贷服务机构界定为信息中介。《办法》明确和细化

---

① 中国互联网金融协会网站：www. nifa. org. cn。

了 P2P 网贷平台在我国金融体系中"小额分散"的定位。第十七条规定，"同一自然人在同一网络借贷信息中介机构平台的借款余额上限不超过人民币 20 万元；同一法人或其他组织在同一网络借贷信息机构平台的借款余额上限不超过 100 万元；同一自然人在不同网络借贷信息机构平台的借款余额上限不超过 100 万元；同一法人或其他组织在同一网络借贷信息机构平台的借款余额上限不超过 500 万元。"第十九条规定，"网络借贷信息中介机构应当为单一融资项目设置募集期，最长不超过 20 个工作日"。《办法》第十条列出了十三种网贷平台从事或者受托从事其中某种或几种将被视为违规的业务，主要包含涉嫌自融、期限拆分、资产证券化、虚假信息、涉嫌众筹等方面。《办法》第三十一条规定，网贷平台必须定期披露其经营管理信息、聘请会计师和律师事务所审计和披露经营状况，成立理事会，监事会等机构，完善公司治理的制度建设。网贷机构应充分披露借款人和融资项目信息。[①] 网络借贷信息中介机构应当实行自身资金与出借人和借款人资金的隔离管理，并选择符合条件的银行业金融机构作为出借人与借款人的资金存管机构。第四十四条规定，"本办法实施前设立的网络借贷信息中介机构不符合本办法规定的，除违法犯罪行为按照本办法第四十条处理外，由地方金融监管部门要求其整改，整改期不超过 12 个月"。

《P2P 网络借贷风险专项整治工作实施方案》（2016 年 10 月 13 日）强调在市场主体、市场环境以及市场机制层面加强对网贷平台的管理，特别强调了对各地经工商登记注册的网贷机构相关数据的排查。《互联网金融风险专项整治工作实施方案》（2016 年 10 月 13 日）主要对以下四种网贷平台业务展开监管：P2P 网络借贷和股权众筹业务，通过互联网开展资产

---

① https://wallstreetcn.com/articles/259489

管理及跨界从事金融业务，第三方支付业务以及互联网金融领域广告等行为。《中国银监会关于银行业风险防控工作的指导意见》（以下简称《意见》）（2017 年 4 月 7 日）第八条，"稳妥推进互联网金融风险治理，促进合规稳健发展"突出强调了校园贷，现金贷等问题。《意见》明确指出不得"向未满 18 岁的在校大学生提供网贷服务，不得进行虚假欺诈宣传和销售，不得通过各种方式变相发放高利贷"。《中国银监会关于切实弥补监管短板提升监管效能的通知》（2017 年 4 月 12 日）中，银监会研究制定了26 项重点规制。其中，《网络借贷信息中介机构信息披露指引》与《网络小额贷款管理指导意见》被列入了 16 个制定类项目。

黄震（2014）在考察了美国的 P2P 监管措施（SEC）后认为，由于其监管体制庞大和复杂，监管过于严格，将 P2P 纳入证券业监管，强调市场准入和信息披露，缺乏灵活性。作者主张采取画出监管红线，未越界的经营模式都可进行大胆尝试和创新的思路。此外，作者强调要完善 P2P 平台的退出机制以及建立和完善行业征信平台。

（3）股权众筹、网上基金销售。

监管主体是证监会和中国证券业协会。《私募股权众筹融资管理办法》（2014 年 12 月 18 日）指出，股权众筹指融资者通过股权众筹融资互联网平台（以下简称"股权众筹平台"）以非公开发行方式进行的股权融资活动；股权众筹平台指通过互联网平台（互联网网站或其他类似电子媒介）为股权众筹投融资双方提供信息发布、需求对接、协助资金划转等相关服务的中介机构。投资者必须为特定对象，即经股权众筹平台核实的符合《管理办法》中规定条件的实名注册用户；融资完成后，融资企业的股东累计不得超过 200 人；股权众筹平台只能向实名注册用户推荐项目信息，股权众筹平台和融资者均不得进行公开宣传、推介或劝诱。准入条件：净资产不低于 500 万元人民币等 7 款。兼营个体网络借贷（即 P2P 网络借贷）或网络小额贷款业务等 9 款。股权众筹平台应当在设立后 5 个工作日内向证券业协会申请备案，按照《管理办法》的要求提交备案材料，包括最近一期经审计的财务报告或验资报告、互联网平台的 ICP 备案证明复印件等。中小微企业：《管理办法》要求融资者应当为股权众筹平台核实的实名注册用户且为中小微企业或其发起人，并应当履行相应的披露义务，保证融资者自身及其融资项目的真实性、合法性。合格投资者：金融资产不低于 300 万元人民币或最近三年个人年均收入不低于 50 万元人民币的个人等 5 款。允许证券经营机构从事股权众筹业务，开展股权众筹业务的证券经营机构应当在业务开展后 5 个工作日内向证券业协会报备。

2015 年 1 月 30 日，证监会新闻发言人张晓军表示，私募股权众筹融资管理办法正在吸收各界反馈意见，并在此基础上进一步修改。证券业协会正在研究各方面的意见和建议。

美国于 2012 年 4 月通过了《初创企业促进法案》（Jumpstart Our Business Start ups Act，以下简称"JOBS 法案"），对美国《1933 年证券法》部分条款进行例外规定，旨在简化初创企业发行股票的程序，促进初创企业的发展。这部法律确立了众筹平台作为新型金融中介机构的合法性，明确了平台权利和义务的基本原则，为众筹行业的发展提供了前瞻性监管指引。①

（4）智能投顾与资管保险。

监管主体是证监会和中国证券业协会。《证券投资顾问业务暂行规定》

---

① http：//www.weiyangx.com/127763.html

（2011 年 1 月 1 日）将投资顾问业务的服务行为界定为仅限于提供投资建议和辅助决策，不包括接受全权委托管理；提供服务的主体主要是证券公司和证券投资咨询公司。按照现行《证券法》《基金法》，证券公司在开展投资咨询业务过程中为投资者提供账户管理服务不存在法律障碍。但按照现行《证券法》，证券投资咨询公司在开展投资咨询业务过程中，还不能为投资者提供账户管理中证券买卖操作的服务。

《账户管理业务规则（征求意见）》（2015 年 3 月）中账户管理是指取得证券投资咨询业务资格并符合规则条件的机构接受客户委托，就证券、基金、期货及相关金融产品的投资或交易做出价值分析或投资判断，代理客户执行账户投资或交易管理。①

美国 1940 年通过《投资咨询法》（Investment Advisors Act），规定所有顾问公司都必须接受 SEC 监管，并且可以同时提供投资顾问和资产管理两项服务。2015 年 3 月 SEC 和金融业监管局（FINRA）联合发布了"投资者预警：自动投资工具"（Investor Alert：Automated Investment Tools）、2016 年 3 月 FINRA 发布了《关于数字化投顾工具报告》（Report on Digital Investment Advice），加强了对投资者的保护力度和风险提示。

（5）互联网保险。

监管主体（监管方面）是保监会和中国保险行业协会。《互联网保险业务监管暂行办法》（以下简称《暂行办法》）（2015 年 7 月 22 日）指出，互联网保险业务指保险机构依托互联网和移动通信等技术，通过自营网络平台、第三方网络平台等订立保险合同、提供保险服务的业务。对于通过即时通信工具、应用软件、社交平台等途径销售保险产品，也

---

① http://kuaixun.stcn.com/2015/0317/12078117.shtml

适用该《暂行办法》。保险公司、保险专业中介机构和第三方网络平台。可以从事互联网保险业务的第三方网络平台是指除保险机构的自营网络平台外，在互联网保险业务活动中，为保险消费者和保险机构提供网络技术支持辅助服务的网络平台。第三方网络平台在没有取得保险业务经营资质的情况下，只能为消费者和保险机构提供网络技术支持辅助服务，而不能直接参与保险产品的销售、承保、理赔、退保、投诉处理及客户服务等保险经营行为，否则应取得代理、经纪等保险业务经营资格。《暂行办法》将选择哪些适合互联网保险业务的保险产品的权利交给了保险机构，由保险机构自行评估自身风险管控能力、客户服务能力，合理确定适合互联网经营的保险产品及其销售范围，但前提条件是要能确保客户服务质量和风险管控，否则应及时予以调整。互联网平台显著位置信息披露、互联网保险产品销售页面信息披露、第三方网络平台特殊信息披露，包括应在醒目位置披露合作保险机构信息及第三方网络平台备案信息，并提示保险业务由保险机构提供。其他监管：反洗钱，反诈骗，中国保险行业协会自律管理。

《保险业进一步参与社会治安综合治理工作的指导意见》（2017年2月15日）要求，重点做好反保险欺诈、打击非法集资、加强互联网保险监管、保险纠纷多元化解、信访积案化解等任务，管控好行业风险，维护保险市场稳定运行和保险消费者合法权益。《关于加强相互保险组织信息披露有关事项的通知》（2017年4月7日）从组织治理、经营管理、董监事及高级管理人员、关联交易、重大事项、监管措施等方面明确了相互保险组织的信息披露要求，要求将相互保险组织定位为公众公司，信息披露标准比照公众公司要求。《中国保监会关于进一步加强保险业风险防控工作的通知》（2017 年 4 月 23 日）要求，要严控信用保证保险业务风险。《中国保监会关于弥补监管短板构建严密有效保险监管体系的通知》（2017 年 5 月 7 日）中指出，保监会下一步将加强监管基础设施建设，加强信息数据协同互通和共享应用，运用大数据提升监管效能。加强非现场监管与现场检查联动，完善非现场监测评价机制和风险预警指标体系，修订现场检查工作规程。加大行政处罚和信息披露力度，强化外部监督约束。

国际互联网保险发展是以传统保险产品网络化为主。相对较为成熟且主流的商业模式是互联网车险公司。而在互联网保险监管中，各国基本遵循的是线上与线下业务一致性的基本原则，虽然均对互联网业务保持关注，但较少单独建立区别于传统保险监管的监管制度。[①]

2. 监管科技

（1）大数据。

《促进大数据发展行动纲要》（2015 年 8 月 31 日）中，主要任务是：加快政府数据开放共享，推动资源整合，提升治理能力；推动产业创新发展，培育新兴业态，助力经济转型；强化安全保障，提高管理水平，促进健康发展。政策机制是：完善组织实施机制；加快法规制度建设；健全市场发展机制；建立标准规范体系；加大财政金融支持；加强专业人才培养；促进国际交流合作。

（2）区块链。

针对区块链技术，中国银行前行长李礼辉强调，任何金融创新都不必"去中心化"，更不能"去政府""去监管"。央行营业管理部主任周学东表示，"短期来看，我国应当借鉴主要国家的做法，从区块链技术创新和

---

① http：//www.modernbankers.com/jrj/html/2016/safe_0322/781.html

应用的角度，对比特币交易及平台运营设置一段观察期，进行动态的监管评估。明确比特币等虚拟商品交易平台的监管'红线'，建立负面业务清单，要求交易平台不得触碰'红线'，并做好风险防范和投资者保护；对违规情节严重的机构，可采取行政处罚或关停取缔的措施。"①

另外，行业自律公约也在一定程度上起到了规范区块链产业发展的作用。2017 年 2 月，中国区块链应用研究中心主办了区块链应用领域自律恳谈会。会上，中国区块链应用中心提出了区块链应用领域自律 10 条公约。2017 年 4 月，上海互联网金融协会首发《互联网金融从业机构区块链技术应用自律规则》（共 12 条），内容涉及互联网金融从业机构的信息报备、客户信息识别、安全防范、隐私保护和人才培养等。

（3）云计算。

国务院 2017 年《政府工作报告》中指出，加快大数据、云计算、物联网应用，以新技术、新业态、新模式推动传统产业生产、管理和营销模式变革。《国务院关于促进云计算创新发展培育信息产业新业态的意见》（以下简称《意见》）（2015 年 1 月 30 日）提出了建立健全相关法规制度的要求。《意见》强调，要落实《全国人民代表大会常务委员会关于加强网络信息保护的决定》和《中华人民共和国政府信息公开条例》，完善互联网信息服务管理办法，加快制定信息网络安全、个人信息保护等法律法规，出台政府和重要行业采购使用云计算服务的相关规定，明确相关管理部门和云计算服务企业的安全管理责任，规范云计算服务商与用户的责权利关系。2017 年 5 月 24 日，全国信息安全标准化技术委员会发布国家标准《信息安全技术云计算服务运行监管》征求意

---

① http://www.sohu.com/a/133747450_216075

见稿，描述了云计算服务可能面临的主要安全风险，提出了政府部门采用云计算服务的安全管理基本要求，及云计算服务的生命周期各阶段的安全管理和技术要求。

（4）人工智能。

国务院 2017 年《政府工作报告》中指出，要全面实施战略性新兴产业发展规划，加快新材料、人工智能、集成电路、生物制药、第五代移动通信等技术的研发和转化，做大做强产业集群。中国人民银行金融研究所所长孙国峰认为，RegTech 的核心是人工智能监管。人工智能监管有以下优势：首先，解决监管者的激励约束机制问题，即监管系统可以依据监管规则即时、自动地对被监管者进行监管，避免由于缺乏激励约束机制导致的监管不力等问题；其次，具有更高水平的全局优化计算能力，发现更多人工监管发现不了的监管漏洞和不合规情况；最后，人工智能监管可能会更好地识别与应对系统性金融风险。[①] 2017 年 3 月 11 日，十二届全国人大五次会议新闻中心举行记者会，科技部部长万钢表示正起草促进中国人工智能创新发展规划，预计"两会"后出台。

3.2.3 小结

第一，中国政府对金融科技的发展态度是非常明确的。金融科技（FinTech）的发展可以划分为两个部分，即应用场景和核心技术。中国政府对前者的定位是核心技术在金融领域的应用，包括基于互联网的金融商业模式（互联网金融）等一系列新商业模式；而对于后者的定位则是新科技革命的组成部分，其着眼点并不仅限于在金融领域的应用，而是更广泛

---

① http://www.sohu.com/a/149920127_260616

地应用于制造业、服务业等各个领域。基于这种判断，中国政府对金融科技应用的态度是防范风险，普惠金融；而对于科技本身的态度则是鼓励引导，支持促进。从监管的具体措施也能发现，对金融科技应用的监管越发严格、细致，并且逐步走向了法制化、正规化的监管路径；而对于技术本身则以指导意见的方式为主，鼓励发展，政策扶持。

第二，监管科技（RegTech）的发展需要适应金融科技（FinTech）的发展。中国政府认为监管科技是增强监管的重要技术手段，而且不仅限于金融领域。这一认识使金融科技的发展在中国产生了新的命题，即政府不再仅是监管者，也是参与者甚至是主导者。在金融科技应用领域，政府的身份是监管者，但是对于科技本身，政府则有望成为参与者和主导者。

第三，金融科技的政府监管面临全球性的挑战。金融科技的技术能力和跨境动力使其监管面临全球性的挑战。主要涉及两个方面。一是各国相互借鉴监管方法。对于金融科技这一新命题，全世界各国监管主体都在尝试和摸索新的监管方法。各国基于不同的经验和原则制定的监管方法可以相互借鉴与参考。二是各国监管主体需要加强合作。由于新技术的支持，资金的跨境流动变得异常容易，这些便利可能导致洗钱、诈骗等行为的发生。只有各国加强监管合作才能更好地应对问题。

3.3　首次代币发行 ICO

ICO（initial coin offering）是一种为区块链项目首次发行加密虚拟代币，募集比特币、以太币等数字货币的行为。ICO 以数字货币为募集对象，融资过程可全部在线上完成，自诞生起就被广泛应用于区块链初创企业早期融资。随着区块链等金融科技相关概念的升温推广，ICO 市场在世界范围内迅速膨胀。截至 2017 年上半年，中国 ICO 市场已初具规模，募资金额达到 26 亿元人民币。在此环境下，ICO 项目质量良莠不齐、投资者非理性引发市场泡沫、不法之徒借机诈骗洗钱等隐患逐渐显露，使 ICO 规范与监管成为金融科技发展进程中不可回避的课题。

2017 年 9 月，中国人民银行联合七部委发布公告，全面叫停 ICO 活动。公告对 ICO 进行法律定性，称其本质为"一种未经批准非法公开融资行为"。虽然此前监管部门曾多次就 ICO 融资与代币交易做出风险提示，此次叫停政策的严格性仍超出市场预期，引起了金融科技及企业创融等领域的极大关注。

3.3.1　ICO 概述

1. 发行流程

ICO 是指通过发行加密代币的方式进行融资的行为，Coin 一词所代表的货币属性存在争议，所以逐渐将 ICO 理解为 Initial Crypto-Token Offering，即初始加密代币发行。ICO 的出现源于区块链初创企业发展的融资需求，这里"资"指的是比特币等通用数字货币，而初创企业发行的是自己的加密数字代币。图 3-1 反映的是 ICO 融资过程。

与传统融资方式相比，ICO 项目流程较为简单，大致分为项目策划、项目发行、项目运营三个阶段，且整个过程目前尚未确立法定标准。

在策划阶段，ICO 发起人首先需要完成商业策划，即对项目的商业模式、技术路线、产品属性和企业愿景等形成较为翔实的规划。在此基础

上，发起人撰写项目白皮书披露融资项目的基本信息，详细介绍 ICO 项目
的募资流程和关键时点，及代币发行平台、发行规模和附加权益等项目
要素。

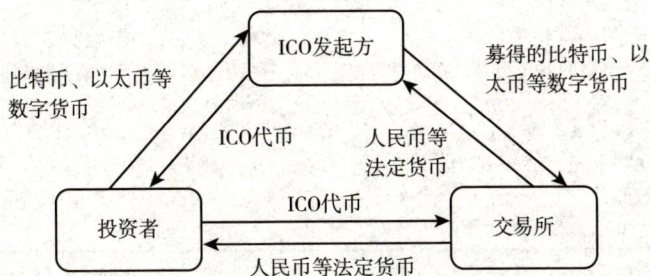

图 3-1　ICO 项目融资过程

　　值得注意的是，项目白皮书是整个 ICO 发行过程中唯一可查的信息披
露文件，但与公开上市融资（IPO）中的招股说明书不同，项目白皮书没
有规范的披露标准和审计流程，不具有法律效力。

　　在发行阶段，发行方将项目白皮书发布于官方网站及一些加密代币社
区网站，投资者可在规定时间内用指定数字货币（通常为比特币或以太币
等流通性较高的币种），购买已发行的项目代币。

　　在运营阶段，发起人将募集所得的资金用于项目开发和运营，并按照
约定予以代币持有者约定的产品、服务或收益。同时，代币持有者也可以
在二级市场中交易代币。

2. 代币的特征与分类

　　ICO 项目发行的加密数字代币是融资方向投资人发行的虚拟权益凭证。
根据 Coinbase、Coin Center、USV 和 Consensys 2016 年 12 月联合发布的公
告，代币权益可分为投资性和权利性两类（见表 3-2）。

表 3-2　　　　　　Coinbase、Coin Center、USV 和 Consensys
关于代币证券特征的划分

代币的投资性权益	代币的权利性权益
（1）持币者拥有对法律实体的所有权（包括普通合伙人）； （2）持币者享有股东权益； （3）持币者共享收益/共担损失，或共同拥有资产/负债； （4）持币者承担借款人或债权人的身份； （5）持币者在项目破产时作为债权人或股权持有人分配权益； （6）持币者可以通过代币追加投资	（1）持币者在区块链系统中编程、开源、挖矿的权利； （2）持币者拥有进入系统的许可和权利； （3）对系统入口和许可的收费权利； （4）参与系统搭建的权利； （5）使用系统及其产品的权利； （6）出售系统产品的权利； （7）参与投票决策系统属性和特征的权利

资料来源：Coinbase 区块链代币的证券法律框架分析（A Securities Law Framework for Blockchain Tokens）。

同时，根据代币持有者被赋予权益的不同，我们可以将常见的代币分为类股权代币和类众筹代币两类。

类众筹代币可以用来兑换项目开发的产品或服务。如 2014 年通过 ICO 项目融资约 50 万美元的去中心化云存储平台 Storj，其发行的代币 Storjcoin X（SJCX）可用来在平台上租用或购买空间，一旦持币者选择进行交易，其持有的代币将被消耗。

类股权代币的投资人可通过持有代币参与项目运营和决策，分享项目的未来收益。如实时开源的区块链项目小蚁，投资者通过购买 ICO 发行的内置代币小蚁股（ANS）可享有小蚁协议的重大事项决策权，并在持币期间获得小蚁币作为系统分红，同时，投资者可通过卖出或转让退出。

3.3.2　ICO 监管背景

1. ICO 市场火爆

2016 年以来，ICO 项目在全球呈现爆发式增长（见图 3-2），特别在区块链有关的初创企业融资领域，ICO 已经逐渐占据主导地位。比特币新闻网站 CoinDesk 发布的区块链市场调查报告显示，2016 年区块链项目通过 ICO 的方式总共筹集 2.36 亿美元，接近区块链行业风险投资总额的一半；截至 2017 年 5 月，全球 ICO 规模达到 5.6 亿美元，远超通过风险投资筹集的 2.95 亿美元。同时，ICO 融资方从科技企业也逐渐扩展到投资、娱乐和支付等行业。

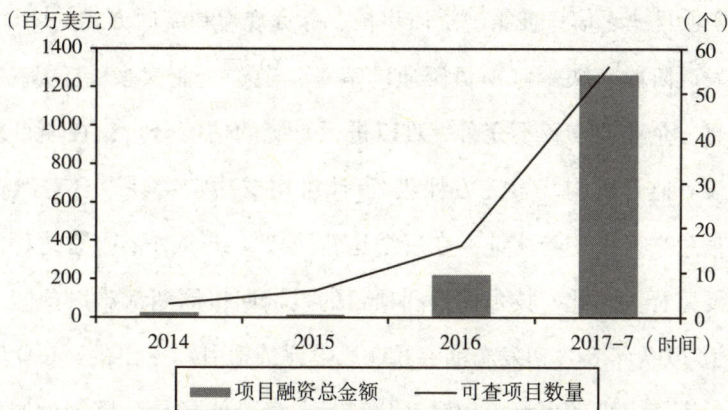

图 3-2　融资金额与可查项目时间走势（2014~2017 年）

资料来源：Autonomous Next《代币狂热》（*Token Mania*）。

2017 年，我国 ICO 市场逐渐火爆。工信部调查数据显示，2017 年以前，我国 ICO 项目只有 5 个；2017 年 1~4 月份为 8 个，5 月份 9 个，6 月份 ICO 项目数量飙升，达到 27 个。截至 2017 年上半年，ICO 总计融资 26 亿元，ICO 项目参与投资人数已在 10 万人以上。另据 Coindesk 统计，目前中国参与 ICO 的人数总计达 200 万人，ICO 代币平均每周销售量从 2016 年的 1.5 个，上升到 2017 年前四个月的 2.75 个。

2. ICO 项目潜在风险巨大

随着全球范围内 ICO 市场规模不断膨胀及 ICO 违规事件的爆发，ICO本身存在的缺陷和合规风险日益暴露。如 ICO 项目从宣传、众筹到代币上线交易的过程都不需要在任何政府机构进行登记和审核；ICO 项目发起人主动逃避监管；等等。整体来说，ICO 存在的风险分为以下几类。

（1）发行缺乏明确规范。

ICO 项目缺乏信息披露、资质审核、募资规模和流通方式的明确规范。在项目发起阶段，缺少对项目资质的审查，融资企业大多处于成立初期，财务信息、企业架构较不完善，难以进行系统的估值分析；在项目发行过程中，没有监管机构、第三方评级/审计机构或法定交易平台对融资企业的公开信息进行审核与认证；在后续运营阶段，缺少对企业履约和代币交易的必要监督。因此，技术前景和项目的投资回报周期都难以预测。正如普华永道 2017 年 8 月初发布的《ICO 风险评估指引》指出的，ICO 的特点在于它投资于未来的项目，初期 ICO 项目本身可能只是个概念，加之区块链技术的开发和实施难度较大，ICO 项目成功与否的变数更大、风险更高。同时，这一点容易被不法分子利用，成为洗钱、非法交易、逃避外汇管制的重要工具。

此外，在缺乏市场准入规则的情况下，ICO 融资已经从最初的区块链核心技术开发逐渐变得多样，截至 2017 年 7 月，全球主要 ICO 融资项目已达 9 种（见图 3-3），涉及金额、物联网、博彩、媒体社交等领域。除此之外，很多企业盲目追逐市场热潮，将美容、交友平台、开挖金矿、投注游戏等行业不具备投资价值的劣质项目带入 ICO 市场，此类劣质甚至带有欺骗性质的 ICO 项目无疑会加剧市场整体的风险。

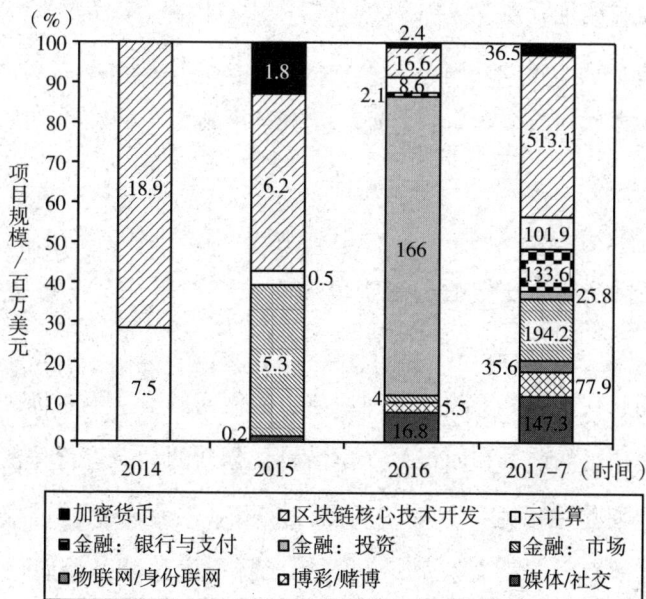

图 3-3　ICO 项目行业分布（按项目融资规模加权，2014~2017 年）
资料来源：Autonomous Next《代币狂热》（Token Mania）。

（2）技术隐患。

ICO 所发行的代币是一种依托于区块链技术的虚拟货币，与传统证券或票据相比，不存在中央发行单位或记账系统，其安全性来源于加密技术与系统安全。当前，区块链技术发展尚处于初期阶段，安全性有待进一步提高，一旦区块链系统遭到攻击篡改，投资者可能面临相应的财产损失。

全球范围内，ICO 遭受黑客攻击的事件频发。2016 年 6 月，创造全球最高众筹纪录的众筹项目 TheDAO 由于其智能合约中存在的漏洞而受到黑客攻击，造成 360 万以太币被盗，损失超 6000 万美元。2017 年 7 月，提供以太币交易平台的 Coindash 在发起 ICO 几分钟内遭到黑客攻击，并篡改了以太币发送地址，盗走 740 万美元以太币。同月，交易平台 Veritaseum 同样在发起 ICO 的几分钟内遭受黑客攻击，黑客成功窃取大量 VERI 令牌并将以太坊转移到两个不同的地址，几分钟内造成大约 840 万美元以太坊的损失。

（3）融资方道德风险。

ICO 项目发起、发行和运营阶段的不规范推高了 ICO 融资方的道德风险。

一方面，在项目募资阶段，利用与投资人间的信息不对称，融资方可能过度承诺项目的前景和回报，甚至借科技创新的名义进行非法集资，而融资成功后便携款潜逃。目前，我国许多 ICO 项目喜欢通过媒体、推介会、宣讲会等途径向社会公开宣传，用比特币类比，以他们代币数量有限，价值会无限提升，越晚买越贵等作为噱头来鼓动投资者投资。然而事实上，众多 ICO 项目本身即为骗局，我国监管层相关人士研究了大量 ICO 白皮书后指出，"90% 的 ICO 项目涉嫌故意诈骗，真正募集资金用作项目投资的 ICO 其实连 1% 都不到"。迄今为止，恒星币、万福币、中华币、百川币、维卡币、珍宝币、五行币等均是已经被查获和曝光的数字货币传销案。

另一方面，大多数 ICO 项目所鼓吹的"去中心化"核心技术存疑，存在拉高出货和市场操纵等交易层面的欺诈行为。从代币开发角度，ICO 项目团队预先划分未来可能出产的代币总量的 50%~70% 用于融资和销售，而剩下的部分通常自己保留。在此种模式下，项目发起者手上所拥有的大量货币（通常占总量的 40% 左右）让操纵币价变得轻而易举，这使本来用于募资的技术，变成了一个"博傻游戏"。

（4）加剧虚拟货币的价值泡沫。

由于 ICO 筹措的主要资产是比特币、以太坊等，近半年多来火爆的 ICO 市场无疑刺激了比特币市场的需求。代币和比特币狂热双重叠加不断吹大的虚拟货币的价值泡沫，使中小投资者面临着巨大的投资风险。

2017 年 8 月，一个比特币的价格一度飙升至 4500 美元，粗略计算，比特币 8 年间暴涨 570 万倍。9 月，中国监管政策逐步趋紧，以比特币为首的数字货币出现了不同程度的下跌。截至 9 月 5 日 14 点，火币网数据显示，自 9 月 2 日比特币价格攀升至 32350 元，达历史最高价后，比特币价格连续 4 日大跌，其最低价曾一度跌至 22592.31 元，最大跌幅达 21%。以太坊价格从 2122 元最低跌至 1500 元，最大跌幅达 29%。莱特币从 479.9 元最低跌至 349 元，最大跌幅达 27%。同时，各大代币全线下跌，其中，超级现金 Hshare（HSR）跌超 50%，量子币（QTUM）跌超 30%，OmiseGo（OMG）和 VeChain（VEN）下跌 20%左右。

（5）投资人非理性投资明显。

在传统科技企业融资模式中，直接投资者多为拥有一定投资能力和资金规模的机构投资者，对风险有着较高的识别能力和承受能力。然而，ICO 项目则面向互联网公开募集资金，个人投资者可直接参与一级市场，投资金额不设门槛。从市场情况看，大部分的 ICO 投资者不看项目只关注名人效应，虽然知道有些项目劣质，但依然会为"站台大佬"买单；知道 ICO 有项目失败、团队跑路的风险，依然乐此不疲地加入，认为自己足够侥幸，不会成为"接盘侠"。例如，PressOne 项目，这个连白皮书都没有的 ICO 项目仅用 4 个小时就吸引了 1.4 万人参与，融资近 5 亿元人民币。

过热的市场吸引了一大批非理性的投资者，他们对 ICO 项目缺乏了解和专业的判断，盲目加入投资行列，做"一夜暴富"的美梦。同时，市场上 ICO 项目质量参差不齐，一旦发生融资方诈骗传销或跑路的情况，便容易引发系统性金融风险等社会问题。

3.3.3　中国 ICO 全面叫停

ICO 和虚拟代币作为近几年来金融科技的一类新生事物，在较长一段时间内处于"无准入门槛、无行业规则、无监管机构"的状态。2016 年以来，我国 ICO 市场火爆，空气币、资金盘、传销币等接踵而至。乱象的出现一方面加速了行业的衰退，另一方面也加速了政府监管的到来。国内对 ICO 的监管与约束始于 2017 年 7 月。

1. 监管层多次发布风险提示

2017 年 7 月 5 日，国家互联网金融安全技术专家委员会发布《2017 上半年国内 ICO 发展情况报告》（以下简称《报告》）。《报告》显示：2017 年上半年，中国境内通过 ICO 形式获得融资的金额已经超过传统 VC 市场，单个项目募集人数普遍超过 200 人，构成非法集资要件，提醒有关部门注意，避免发生群体性金融事件。此报告一出，监管部门和研究机构相继对"代币发行融资"的定性问题进行表态。

8 月 18 日，中国人民银行召集证监会、银监会代表，共同对"代币发行融资"定性问题进行探讨。8 月 24 日，国务院法制办在其官网公布了《处置非法集资条例（征求意见稿）》。其中，第十五条第二款指出：以发行虚拟货币为名义筹集资金的行为，如果违反国家许可及相关法律法规，国家有关部门将启动行政调查。8 月 30 日，中国互联网金融协会发布《关于防范各类以 ICO 名义吸收投资相关风险的提示》，指出国内外部分机构以 ICO 名义从事融资活动涉嫌诈骗、非法集资。9 月 2 日，互联网金融风险专项整治工作领导小组办公室向各省、区、市金融办（局）发布《关于对代币发行融资开展清理整顿工作的通知》，指出 ICO 本质上属于未经批准的非法公开融资行为，涉嫌非法集资、非法发行证券、非法发售代币，以及涉嫌金融诈骗、传销等违法犯罪活动，严重扰乱了经济金融秩序。

2. ICO 定性为非法集资并全面叫停

2017 年 9 月 4 日，中国人民银行联合中央网信办、工业和信息化部、工商总局、银监会、证监会、保监会等机构，联合发布《关于防范代币发行融资风险的公告》（以下简称《公告》）。内容要点：第一，对 ICO 定性，ICO 本质为一种未经批准、非法公开融资行为，涉嫌非法发售代币票券、非法发行证券以及非法集资、金融诈骗、传销等违法犯罪活动；第二，对虚拟货币定性，虚拟货币不具有与货币等同的法律地位；第三，ICO 活动全面叫停；第四，明确代币融资交易平台和各金融机构与非银行支付机构禁做业务；第五，提示公众谨防上当受骗，代币发行融资与交易存在多重风险，包括虚假资产风险、经营失败风险、投资炒作风险等，投资者须自行承担投资风险。

2017 年 9 月中旬，国家互联网金融风险专项整治工作领导小组办公室也印发通知，要求相关比特币等虚拟货币交易场所停止开立新户、压降投资者人数和市场风险，并制订退出方案、明确退出时间及客户资金资产处置措施等。

3. 虚拟货币交易平台清退

根据国家统一部署，上海市会同中央驻沪金融监管部门约谈相关平台高管人员，明确具体监管要求。2017 年 9 月 14 日，作为国内成立最早、交易量最大的虚拟货币交易平台之一的比特币中国发布公告，即日起停止新用户注册，并于 9 月 30 日停止所有交易业务。这是国内首家发布关停公告的虚拟货币交易平台。9 月 23 日，上海相关代币融资发行平台已发行项目 90% 以上基本完成清退，相关比特币等虚拟货币交易平台也均提出了退出方案，并着手开展客户资金、资产清退工作。表 3-3 列举了上海 ICO 网站平台公告的关停与提现截止时间表。

表 3-3 　　　　　　　2017 年上海 ICO 网站及虚拟货币交易平台清退情况

网站名称	关停时间	提现截止时间
币安	9 月 28 日	9 月 28 日
比特矿	9 月 30 日	未知
54 数字资产平台	9 月 29 日	目前无法提现
汉币网	9 月 30 日	9 月 30 日
19800 网	9 月 30 日	9 月 30 日
ICOAGE	9 月 28 日	9 月 28 日
91OICO	9 月 21 日	邮件沟通
ICORace	9 月 1 日	9 月 30 日
ICOFOX	9 月 14 日	9 月 21 日
比特宝	无法访问	未知
币盈网	已关停	9 月 15 日
ICOrRaise	已关停	未知
ICO17	已关停	未知

资料来源：各平台网站。

2017 年 9 月 15 日，北京市互联网金融风险专项整治工作领导小组办公室约谈北京虚拟货币交易所负责人，要求在北京注册的虚拟货币交易所最晚于 9 月 15 日 24 点前发布公告，明确停止所有虚拟货币交易的最终时间，并宣布立即停止新用户注册。两家驻京交易所火币网和 OKcoin 于 9 月 15 日相继发布公告，宣布 9 月 30 日前平台用户将无法交易，并于 10 月 31 日前逐步停止所有数字资产兑人民币的交易业务。此外，目前国内的 10 家主要比特币交易所（见图 3-4）均已进入清退倒计时（见表 3-4）。

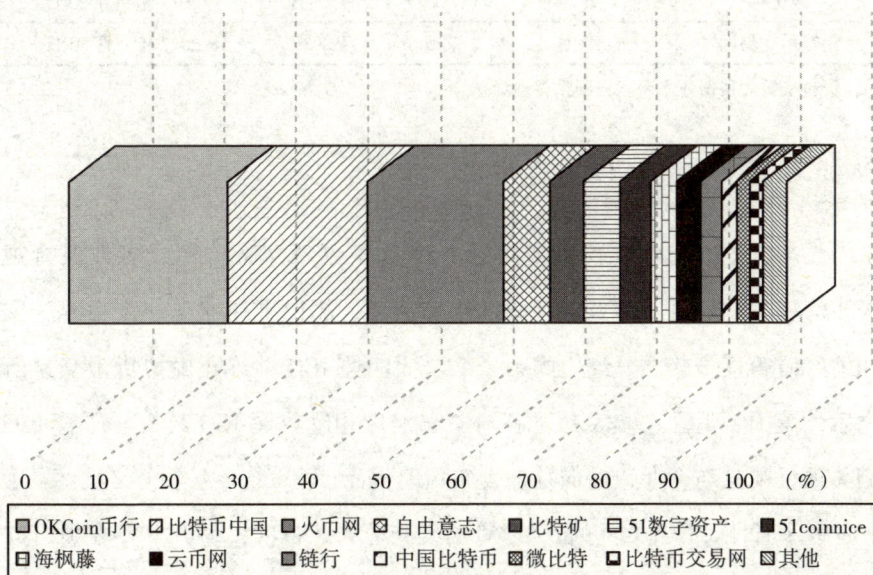

图 3-4　国内虚拟货币交易所排名（按交易量）

资料来源：国家互联网金融安全技术专家委员会，《7 月份国内比特币交易情况监测报告》。

表 3-4　　　　　　　　　　比特币虚拟货币交易所清退时间

交易所名称	所属地区	公告时间	清退期限
自由意志	上海	2017 年 9 月 14 日	2017 年 9 月 20 日
比特矿	上海	2017 年 9 月 19 日	2017 年 9 月 30 日
51 数字资产	上海	2017 年 9 月 15 日	2017 年 9 月 29 日
Coinnice	北京	2017 年 9 月 15 日	2017 年 9 月 30 日

续表

交易所名称	所属地区	公告时间	清退期限
海枫藤	上海	2017 年 9 月 18 日	2017 年 9 月 30 日
云币网	北京	2017 年 9 月 15 日	2017 年 9 月 20 日
链行	上海	2017 年 9 月 21 日	2017 年 9 月 30 日
中国比特币	北京	2017 年 9 月 15 日	2017 年 10 月 31 日
微比特	深圳	2017 年 9 月 15 日	2017 年 9 月 30 日
比特币交易网	北京	2017 年 9 月 29 日	2017 年 9 月 30 日

资料来源：根据各平台官方网站整理。

3.3.4 境外 ICO 监管动态

最初，全球金融监管机构面对 ICO 这一创新型融资模式多数保持观望。但随着 ICO 项目规模和风险的快速累积，2017 年下半年多个主要国家和地区监管逐步趋严。继中国第一个全面叫停 ICO 并终止虚拟货币交易所之后，英国、美国、澳大利亚等国家和地区相继收紧 ICO 政策，严管 ICO 相关项目和参与企业，并向社会发布风险提示。

9 月 12 日，英国金融行为监管局发布公告，首次警告 ICO 存在项目欺诈风险，属投机性较强的投资。FCA 建议只有有经验的投资者才投资 ICO 项目，并且应做好损失全部股权的准备。

9 月 28 日，澳大利亚证券与投资委员会出台了 ICO 发行的监管指南，警告投资者必须对其中隐含的风险和欺诈有所警惕。

9 月 29 日，美国证券交易委员会（SEC）首次指控 ICO 融资诈骗。SEC 认为两家公司在 ICO 中误导并欺诈投资者，出售未经登记注册的证券资产。此外，美国证监会也在近期叫停了 4 家场外交易公司的 ICO 发行。

9 月 29 日，韩国禁止来自该国的所有初始代币发行（ICO）以及基于信用的加密货币交易，成为全球第二个叫停 ICO 的国家。

整体来看，国外 ICO 监管政策普遍收紧，而日本和加拿大近期对 ICO 代币与虚拟货币交易所的态度则较为积极。2017 年 9 月 6 日，加拿大魁北克金融监管机构确定了一项 ICO 代币发行属于证券发行，并将该项目纳入监管沙盒，成为加拿大首个受监管的 ICO 项目。9 月 29 日，日本下发 11 家虚拟货币交易所牌照，此外，还有 17 家数字货币运营商则正在接受审核。

3.3.5　小结

在当前信息化高速发展的时代，由于网络空间的开放性和互动性，金融科技创新推动了新的金融业态的涌现，但同时也可能带来业务、技术和网络的三重风险，影响金融秩序的稳定。那么，作为新生事物的 ICO 从异常火爆到被监管叫停这一事件对我国金融科技应如何健康发展带来哪些启示呢？

首先，监管层正加强对"伪创新"金融风险的监管。2017 年 7 月召开的第五次全国金融工作会议提出，所有金融业务都要纳入监管，及时有效识别和化解风险。习近平总书记也特别强调，防控金融风险是当前一项主要工作任务。[①] 大量 ICO 项目发行机构打着改革和创新的旗号搞诱惑和欺骗群众、逃避法律监管、从事非法集资活动、破坏市场秩序和社会稳定的伪创新。这些非法金融行为势必引起监管层的重视并被及时遏制，以防范市场过热可能引发的金融风险，并保证金融秩序的稳定。

需要说明的是，此次政策发布是对 ICO 融资模式的叫停，而非对区块

---

① 《全国金融工作会议在京召开》，中国政府网，2017 年 7 月 15 日。

链及数字货币等金融科技的叫停。虽然短期来看，ICO 有关行业的创新企业融资可能会有所放缓；但长远来看，此次监管收紧能及时阻止资金流向前面提到的伪创新项目、非法集资项目，督促投资者审慎投资，提高金融科技市场的资源配置效率。

其次，金融创新要以服务实体经济为责任，防止"脱实向虚"发展。比特币本质上就是一堆复杂算法形成的特解，而 ICO 项目发行的代币没有价值和使用价值，更没有法偿性，就是数字符号。它们的涨跌不受任何实物资产的控制，也没有可以参照的实体，不能反映实体经济的任何特征，做不了"稳定器"与"晴雨表"。目前来看，仅只满足了金融投机者与资本畋猎者的追利之心，几乎对实体经济没有任何意义。从虚拟货币交易所退出中国可见监管层的态度和决心，无法服务于实体经济的金融创新，势必得不到政策支持。

最后，加大金融法规和科技知识普及。大部分新入场的投资者对包裹着金融科技糖衣，实则是投机甚至骗局内核的 ICO 项目风险识别不够，轻信"暴富神话"，在看不懂项目的情况下就匆忙入场。因此，一方面需要加强对投资者的资格认证和风险提示；另一方面要引导广大投资者"脱虚向实"，理性投资，自觉远离非法集资、高利贷等社会毒瘤。

3.4　沙盒监管的应用与启示

近年来，我国在金融科技领域发展迅猛，积累了丰富的经验，取得了一定的成绩。根据高盛发布的研究报告，截至 2016 年，中国第三方支付总量达 11.4 万亿美元，相比 2010 年增长了 74 倍；中国网络贷款余额为 1560

亿美元，相比 2013 年增长了 36 倍。科技进步不但对金融创新提出了新的
需求，也对金融监管提出了新的挑战。2017 年召开的中央金融工作会议将
金融安全上升到国家战略高度，强调金融监管的专业性、统一性和穿透
性，确保稳定发展已成为当前金融业的重要任务。中国人民银行还于 2017
年 5 月专门成立了金融科技委员会，加强金融科技工作的研究规划和统筹
协调。

"沙盒监管"是由英国在 2016 年提出的针对金融科技行业的新型监管
模式，类似中国的"试点"改革，它提供了一个缩小版的真实市场和宽松
版的监管环境，由金融监管机构设立，在保障消费者权益的前提下，让部
分取得许可的金融机构或初创科技型企业，在一定时间和有限范围内测试
新金融产品、新金融模式或业务流程。目前，英国、新加坡、中国香港和
澳大利亚等国家和地区监管机构陆续推出沙盒监管制度，引导和促进金融
科技产业发展的同时防范金融风险。相比于传统的金融监管方式，沙盒监
管有以下三个优势：

第一，风险隔离。沙盒监管将金融创新可能带来的潜在风险与现行的
金融系统隔离，在没有充分暴露金融创新的负面冲击之前不接入现行的金
融系统，从而最大限度地保护了金融系统的稳定。

第二，方式灵活。由于在"沙盒"中的企业与现行金融系统的隔
离，金融科技的创新得到最大程度的允许和支持。新的科学技术与商业
模式在"沙盒"中可以相对自由地发展，这对创业企业来说是非常重要
的保障。

第三，互动监管。沙盒监管本质上是一种互动式的监管。作为监管主
体的金融管理机构需要与创业企业不断地接触和沟通，才能更好地达到监

管的目的。沟通与协商是监管者应对金融科技发展变化的重要途径。

3.4.1 英国

1. 监管机构

一直以来，英国十分重视自己国际金融中心的地位，希望在金融科技领域领先，应用颠覆性创新建设"金融科技之都"。为鼓励创新，英国政府推出了一系列政策举措，大致可以分为三种模式，即监管沙盒（regulatory sandboxes）、创新中心（innovation hubs）和创新加速器（innovation accelerator）。"监管沙盒"模式由英国金融行为监管局（Financial Conduct Authority，FCA）发起，该监管模式为创新企业提供了一个安全场所，在其中，企业可以测试创新型产品、服务、商业模式和传送机制，并且不会将不良影响直接带给处于正常监管机制下的企业。FCA 对英国财政部负责，其中一个重要职责是对英国国内所有从事受规管活动的公司进行授权或登记，特殊赦免的活动除外。目前，FCA 负责约 26000 家金融机构的行为监管和英国审慎监管局监管范围以外的约 23000 家金融机构的审慎监管。从 2014 年 4 月 1 日开始，FCA 接手对消费信贷行业的监管，新增 50000 家被监管机构。

2. 申请流程和测试工具

2015 年 11 月，FCA 发布的《监管沙盒》（Regulatory Sandbox）白皮书，是英国正式启动沙盒监管模式的起点，该白皮书阐述引入该监管模式的原因、申请流程、优缺点和 FCA 授权等问题。FCA 对申请测试项目的要求较为宽松，金融产品服务的所有创新都可以申请，只需在《金融服务和市场法案》（FSMA）范围之内。申请流程如图 3-5 所示。

申请机构应填报《"监管沙盒"申请表》寄至FCA
提出测试申请。申请表主要包含申请测试的内容及
其符合申请要求的情况

FCA对测试申请进行审核。如果通过审核，将派
专人和企业联系，并共同确定项目的测试方案，
包括测试要求、适用范围、审核方式和定期汇报
频度等，以及共同商定合适的"测试工具"

完成以上准备工作后，项目将正式开始测试。在测
试过程中FCA将进行全程监测

在测试结束后，申请公司向FCA提交总结报告，
FCA根据测试结果予以正式评估。通过正式评估
的项目，申请企业可以决定是否在更大范围内推广

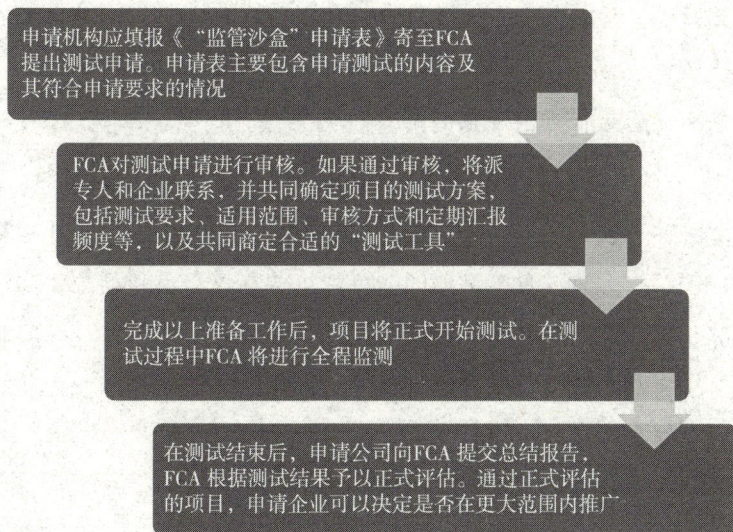

图3-5   监管沙盒的申请流程

资料来源：英国金融行为监管局《监管沙盒》（Regulatory Sandbox）。

英国作为最早提出沙盒监管的国家，从申请评估到实施流程是各国效仿的模板。基于现有的监管政策环境，即：企业在英国进行受规管的商业活动必须获得FCA的授权或登记备案（特殊赦免的企业除外），FCA与测试公司共同确定"测试工具"是英国进行沙盒监管的一个重要特点。测试工具是基于FCA权力范围和现有市场监管法律及秩序为参与测试企业提供的政策便利，FCA对不同的企业、产品和技术采取"具体问题、具体分析"的处理方式。

测试工具对已经持牌金融机构和非持牌金融机构授权并不相同。对持牌的金融机构授权采取三种方式，分别是提供"无异议函"（no enforcement action letter）、"个别指导意见"（individual guidance）以及在其权力范围内提供一定的法律"豁免"（waivers or modifications to our rules）。"无异议

函"是指，FCA 发出不会针对测试活动采取措施的声明，但保留未来关闭测试的权利。"个别指导意见"是指，FCA 向公司发布专门针对该公司正在进行的测试活动所使用规则的解释。如果该公司按照本指导进行活动，将确保 FCA 不会对他们采取行动。"豁免"是指，FCA 在法律授权范围内免除或修改针对测试公司的特定规则。为非持牌的金融机构则可以提供"限制性授权"，允许沙盒测试期间非持牌机构在仅满足和测试相称的要求时，能够获得有限范围内（限制测试人数、限制业务范围等）开展业务的权力，了解消费者对产品和服务的需求，通过测试后可申请免除"限制"，成为持全牌照的金融机构。

3. 沙盒监管配套措施

为配合沙盒测试的进行，FCA 还推出了配套措施，推动金融行业建立"虚拟沙盒"（virtual sandbox）和"沙盒伞"（sandbox umbrella），进一步鼓励创新。将分散在各企业的市场历史数据通过云技术等手段，在构建的虚拟环境中对金融产品或服务进行测试，建立一个贴近现实世界的虚拟沙盒。虚拟沙盒中进行测试的金融产品服务无须取得 FCA 授权，同时，基于历史数据的测试可以避免对消费者权益的损害及对金融稳定的损害。"沙盒伞公司"是取得 FCA 授权许可的非营利性公司，它可以作为初创型公司的代理平台，先行对希望测试的项目进行评估，确认这些项目具备相关资质和条件后，由沙盒伞公司代理提交正式测试申请，帮助初创企业更加快速、便捷地进入监管沙盒测试。限制性授权以及保护伞制度不能应用于进行《金融服务和市场法案》（FSMA）授权范围之外的活动，例如，支付服务以及电子货币的活动。

4. 参与沙盒的产品或服务

2016 年 6 月，FCA 开始第一轮沙盒测试，69 家申请企业中通过 FCA

审核的公司有 24 家，其中 18 家企业选择最终进入沙盒。随后，2017 年 6 月和 12 月分别进行第二轮和第三轮沙盒测试，目前第四轮测试正处于申请阶段。第二轮测试参与企业 23 家（77 家申请），第三轮通过企业 18 家（61 家申请），前三轮测试期均为 6 个月，通过 FCA 审核的企业可以自行决定是否及何时进入沙盒。2017 年 10 月，针对前两轮的测试情况，FCA 发布《沙盒监管评估报告》（Regulatory sandbox lessons learned report），总结测试企业和产品信息、市场反馈、测试存在的问题和未来规划等。根据此报告披露，前两轮参与沙盒测试的企业中绝大多数为初创公司且跨国企业在参与沙盒测试中表现出较高的热情。

从测试技术和产品角度，前三轮参与测试的 59 份申请中涉及新技术应用的企业达 31 家。主要测试的产品为区块链技术或者分布式账本技术在实际场景的应用，支付领域和金融资产交易领域企业申请较多。第二类产品是针对传统商业模式的创新，参与企业通过沙盒测试的真实市场场景获得消费者反馈，及时调整业务模式，以便于未来在大范围内使用。表 3-5 对测试产品做了简单梳理。

表 3-5 　　　　　　　　　英国沙盒测试产品分类和场景

分类	内容	场景
新技术应用	分布式账本技术/区块链	六类场景：支付、金融资产交易、数据传输、数据保护、慈善捐款、保险
	生物认证	刷脸支付、分析消费者偏好、数字身份证、登录和 KYC 认证
	应用程序编程接口 API	API 安全系统、用户交流集成接口、全新支付网络
	人工智能	Economic Data Sciences：AI 和大数据支撑的投顾平台

分类	内容	场景
传统商业模式和产品的创新	自动/半自动投资、理财服务	满足小投资者和低净值人群的投资需求：提供建议服务、退休金管理、储蓄计划、P2P 等
	保险	保险产品：自动索赔产品等；业务模式：投保缴费策略等
	管理科技	IPO 和私募全新竞拍方式、交易监控系统等
	生活服务	手机 APP 记录用户行车记录、线下业务搬到线上等

资料来源：英国金融行为监管局《沙盒监管评估报告》。

3.4.2 中国香港

与英国的综合型管理不同，香港的沙盒监管是分散式和多中心的。香港金融管理局（Hong Kong Monetary Authority，以下简称"香港金管局"）负责管理银行业及其科技支持企业的金融科技监管沙盒（fintech supervisory sandbox）；香港证券及期货事务监察委员会（Securities and Futures Commission，以下简称"香港证监会"）负责管理证券业监管沙盒（SFC regulatory sandbox）；香港保险业监管局（Insurance Authority，以下简称"香港保监会"）负责管理保险科技沙盒（insurtech sandbox）。这三个监管沙盒分别属于三个不同的监管机构，相互平行，相互合作。

2016 年 9 月，香港金管局启动针对银行业和传统金融机构的沙盒监管；2017 年 9 月 29 日，香港证监会和保监会加入此监管模式，金管局推出沙盒优化版。香港金管局、证监会、保监会均未对进入沙盒测试设定具体流程，也并未列出在沙盒框架下拟放宽的监管规定的清单，而是建议有意向的金融机构填写申请表后尽早与适合沙盒的监管机构联系。对于跨界别的金融科技服务，公司可申请认为最适合的沙盒。有关机构作为主要联络点，协助该公司联络其他监管机构，让公司同步使用沙盒。

1. 香港金融管理局

申请进入金管局沙盒的主体是银行及其伙伴科技公司的银行相关业务项目。主要运作原则包括：供银行计划在香港推出的金融科技或其他科技项目使用，银行不利用沙盒规避适用的监管规定以及银行管理层确保有保障措施，包括界限、保障客户利益、风险管理、准备情况与监察等。在沙盒优化版中，金管局建立了"金融科技监管聊天室"，以在金融科技产品开发初期向银行及科技公司反馈意见，以及让科技公司无须经过银行，可直接通过聊天室与金管局沟通。聊天室的设立加快了推出相关合规科技产品的时间，是互动式监管的体现。

从沙盒运行的情况看①，截至 2017 年 12 月 29 日，共有涉及 9 家银行的 28 项新科技产品使用沙盒进行试行（见表3-6）。其中 14 项试行已经完成，有关产品已于其后推出。此外，有 16 项试行是银行与科技公司合作进行。

表 3-6　　　　　　　　　　　沙盒测试技术与数目

涉及技术	试行数目
生物认证（biometric authentication）	7
软令牌（soft token）	3
聊天机器人（chatbot）	2
分布式记账技术（distributed ledger technology）	4
其他（API、经社交媒体平台发放通知服务、网上开设银行账户）	12
总数	28

资料来源：香港金管局网站。

---

① http：//www.hkma.gov.hk/chi/key-functions/international-financial-centre/fintech-supervisory-sandbox.shtml

2. 香港证券及期货事务监察委员会

根据《证券及期货条例》，"任何人未获证监会批给牌照，不得经营任何受规管活动的业务"。证监会监管沙盒设立是为符合资格的企业在将金融科技全面应用于其业务之前，提供一个受限制的监管环境，在《证券及期货条例》下进行受规管活动。所以，证监会沙盒监管的实施参照现有"金融牌照"制度，让符合资格的企业在发牌制度下，通过与证监会进行紧密沟通，有效率地识别及处理与其受规管活动相关的风险及关注事项①。为保证沙盒的顺利进行，证监会设立专门的金融科技联络办事处，用于加强与在香港从事金融科技发展和应用并有意进行受规管活动的公司及人士沟通。同时，证监会也对申请主体的资质有明确要求（见表 3-7）。

表 3-7　　　　　　　　　　香港证监会对申请主体的资质要求

牌照发放条件	主体资质要求
限制企业可服务客户类型	智能投顾平台
客户承担风险	应用区块链技术提供金融服务或产品
业务范围及界线	基金分销平台
投资者赔偿计划	P2P 借贷平台
定期接受监督审核	股权众筹平台

资料来源：香港证监会网站。

3. 香港保险业监理处

2017 年 9 月 29 日，香港保监会推出保险科技沙盒（insurtech sandbox），

---

① http://sc.sfc.hk/gb/www.sfc.hk/web/TC/sfc-fintech-contact-point/sfc-regulatory-sandbox.html

其目的是帮助一些合格的保险机构开展创新性的保险科技的应用①。申请加入保监会沙盒的主体是计划在香港推出保险科技及其他科技项目的保险公司及其协作科技公司。当保险机构对于创新性科技是否合规产生疑问时，保监会将从促进保险科技发展的角度来考虑是否放松一些监管要求。与香港证监会的要求类似，保监会也对申请加入沙盒的参与者提出基本原则，包括明确的边界和条件、风险管理与控制、消费者保护、接受定期的督察和完善的退出机制等。此外，对于仅使用数字分发渠道（digital distribution channels）作为促进保险科技发展的申请者，保监会开通了"快速通道"（fast track）。快速通道的申请者必须能够证明其数字分发渠道完全独立于传统的渠道，包括银行和经纪人等。

4. 分业沙盒监管模式

总体来说，香港的金融科技沙盒监管是分散化模式，不同的业务机构向其牌照发放机构或者直接管理备案机构申请进入沙盒。监管主体的监管原则也存在差异（见表3-8）。

表3-8　　　香港金管局、香港证监会、香港保监会监管原则对比

监管原则	金管局	证监会	保监会
经营边界	✓		✓
消费者保护	✓	✓	✓
风险管理	✓		✓
定期督查	✓	✓	✓
发放牌照		✓	
退出机制		✓	✓

① https://www.ia.org.hk/en/aboutus/insurtech_corner.html#1

同时，香港金管局、证监会和保监会都在消费者保护方面提出较高标准，并对沙盒项目开展情况进行定期督查，这表现出香港监管者维护地区金融稳定、保证监管沙盒推动金融市场发展的决心。

3.4.3 新加坡

新加坡金融科技沙盒监管的发起者是隶属于新加坡金融管理局（Monetary Authority of Singapore）的智慧金融中心（Smart Financial Centre）。新加坡金融管理局行使央行职能，而智慧金融中心则是新加坡为打造金融科技中心而建立的政府部门。与英国类似，新加坡的沙盒监管也是综合式的，所有的金融科技企业都需要向新加坡金管局申请加入沙盒。沙盒监管的目的包括提升效率、风险管理、创造新的机会和改善民众生活等。

新加坡的沙盒监管要求相对细致和全面。2016 年 6 月，MAS 出台《金融科技监管沙盒指导》（FinTech Regulatory Sandbox Guidence，以下简称《指导》）。《指导》全面详细地介绍了新加坡沙盒监管的体系、目的、原则和运行模式等申请者非常关心的内容。在经过 5 个月的征求意见期后，新加坡金管局就大家提出的问题一一做出了回应，并于 2016 年 11 月修订了该《指导》。修订版的《指导》对原来的一些问题进行了更详细的说明，同时也根据申请者的问题做出了一些修改和补充。在这份《指导》中有一点值得注意，申请者在申请书中必须明确指出其应用的创新性技术或者是对某一技术的创新性应用，这实际上是要求申请者证明其公司的动力是技术驱动或者商业模式驱动。

1. 监管流程

新加坡的沙盒监管有着完备的流程，具体的监管流程见图 3-6。

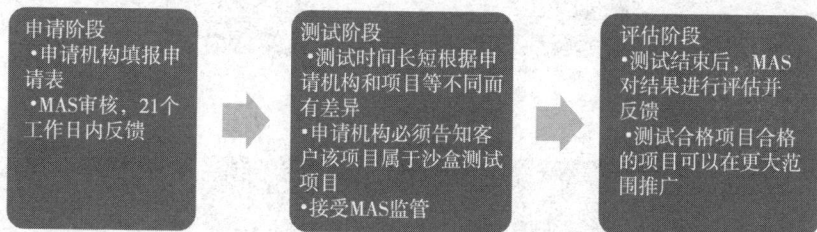

申请阶段
•申请机构填报申请表
•MAS审核，21个工作日内反馈

测试阶段
•测试时间长短根据申请机构和项目等不同而有差异
•申请机构必须告知客户该项目属于沙盒测试项目
•接受MAS监管

评估阶段
•测试结束后，MAS对结果进行评估并反馈
•测试合格项目合格的项目可以在更大范围推广

图 3-6　新加坡沙盒监管申请流程

在申请阶段，申请者必须回答包含项目介绍在内的 20 个问题，并提供相应的文件说明。这其中就包括需要向沙盒监管者说明是否需要监管者放松某项或某几项法律条款，并说明原因。这些问题可以增加监管者对企业的了解，为决策是否放松某些法律条款提供依据。

在测试阶段，监管者会不时收到沙盒内的公司反馈的信息，并与该公司之前宣称的实验结果和目的相比照，随时监测创新性技术的应用情况。新加坡金管局也会定时向公众发布结果和预警，供民众监督。

在评估阶段，金管局将对沙盒内企业运营的效果进行评估，从而决定是否授予企业推向市场的权利。同时也将决定放松哪些法律条款。这些条款根据不同的公司而有所不同。具体的评估流程见图 3-7。

2. 监管灵活

新加坡金管局在《指导》中给出了一些可能的法律条款的调整方向，但也明确说明涉及消费者信息保护和财产权益的条款是不得放松的。同时，威胁金融稳定以及涉及洗钱行为的条款也是必须遵守的。表 3-9 中列出了一些"允许"和"不允许"的例子。

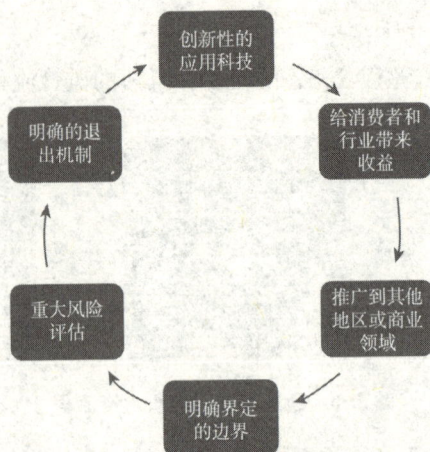

图 3-7　新加坡金融监管局测试评估流程

表 3-9　　　　　　　　　　新加坡金融监管局要求条款

不可放松的条款	可以放松的条款
客户信息的保密性	资产管理要求
诚实与正直的要求	董事会组成
第三方托管客户的资金和资产	现金余额
反洗钱与反金融恐怖主义	信贷评级
	财务稳健性
	基金偿付能力以及资金流动性
	牌照费
	管理经验
	金管局《指导》

3.4.4　英国、中国香港、新加坡沙盒监管特点比较

英国、中国香港和新加坡在实施沙盒监管过程中，虽有相似之处但也依据各个国家或地区不同的金融定位、监管环境以及企业发展展现出不同的特点。本节将以上国家和地区实施情况在作用定位、监管特点、配套措施和申请主体等九个方面进行了比较（见表 3-10）。

表3–10　　　　英国、新加坡和中国香港沙盒监管的比较

国家和地区	主管部门	作用定位	监管特点	配套措施	申请主体要求	测试项目准入	沙盒授权	动态调整机制
英国	英国金融行为监管局	促进竞争、消费者保护	未持有金融牌业牌照的机构可测试需持牌业务；持牌企业可申请测试新业务	沙盒伞公司和虚拟沙盒方便初创企业进入沙盒，配备专门监管者作为联络	传统金融机构，包括金融科技创新机构在内的非金融机构	不适用《金融服务和市场法案》范围之外的活动	无异议函、个别指导意见、限制性授权	根据沙盒测试情况，积累经验，逐步完善监管框架和流程设计
新加坡	新加坡金融管理局	注重创新产品和服务的推广能力	允许测试处于监管"灰色"地带的金融业务	智慧金融中心为打造金融科技中心而建立，起到创新孵化器作用	金融机构，科技公司以及提供技术支持或相关服务的企业	技术或新业务模式需要足够创新、涉及消费者信息保护、财产权益等项目不可测试	根据测试项目量身给出政策优惠，可适当放宽MAS制定的法律法规，不可与上行法抵触	根据征求意见稿和测试的市场反馈情况，在申请标准、技术要求和法规授权等方面做出调整
中国香港	香港金管局、证监会、保监会	测试公司收集产品和服务的真实数据以及用户意见，及时调整模式和产品性能	仅放宽了业务规范而并未放松机构准入标准，原本牌照准入未放松	金融科技监管聊天室开业，保险业全开通"快速通道"	香港本地银行，获得证监会颁发照的金融机构/非金融机构，保险公司及提供相关服务的企业	银行相关业务；证监会照体系内部放宽业务范围；保险公司仅测试"数字分发渠道"	仅规定监管部门与企业商议后弹性安排；金管局、证监会和保监会发布鼓励参与沙盒的业务/技术类型	根据实施和企业特点调整，改进相关制度

本书认为，以下三点是我国监管层考虑沙盒监管时应当着重考虑的问题以及重要经验。

第一，从作用定位角度，英国、新加坡和中国香港的沙盒测试均突出了对创新企业的政策优惠，从办理手续、准入门槛、政策解读和沟通交流渠道等方面移除政策障碍，缩减创新业务进入测试市场的时间和成本。英国以促进竞争、消费者保护为主要出发点；新加坡注重创新产品和服务的推广能力；中国香港沙盒有助于测试公司收集产品和服务的真实数据以及用户意见，及时调整模式和产品性能。这一举措将众多主打"创新"概念的金融业务提前纳入监管大格局，一方面，监管部门可以充分了解测试项目的金融本质、风险特征和操作手法，可为制定相关政策积累经验；另一方面，监管测试机构可以进一步了解监管意图和走向，从而缓解监管不确定性的负面影响。

第二，从监管力度角度，各国和地区对于金融业相关创新法律法规的松紧程度不一，对不同金融业态的管理力度也有所不同。沙盒监管是金融监管的组成部分，此模式与英国的双峰监管、新加坡的混业监管和中国香港的分业监管的监管体系相匹配，同时明确对创新的法律豁免仅限于监管部门自身颁布的规章和制度，不能与上位法相抵触。沙盒监管提供的政策优惠包含两个层面：一个是机构准入标准；另一个是业务规范。英国允许未持有金融业牌照的机构测试需持牌的金融业务；新加坡允许金融机构或非金融创新机构测试处于监管"灰色地带"的金融服务；而中国香港则是放宽了业务规范而并未放松机构准入标准。

第三，从消费者权益保护角度，英国、新加坡和中国香港都把保护消费者的知情权、选择权、财产安全权和依法求偿权放在突出位置。在申请阶段，以上国家和地区在测试机构资质、业务合规、风险控制、客户退出机制和消费者补偿金准备等方面都有明确要求并设立较高标准，不符合资质的企业和不成熟的产品或服务不予接纳。2017 年 12 月，澳大利亚证券和投资委员会（ASIC）启动针对证券业的沙盒监管，发布的公告中也明确要求：禁止测试设计复杂、流动性差、回报期长以及针对弱势消费者的金融产品。

3.4.5　中国实施沙盒监管的可行性

沙盒监管与中国金融试点改革理念有相近的实施逻辑。区域金融试点改革是近年金融改革的一个重要维度，通过有重点、有目的地推动部门地区进行金融改革试点，采取"先试点、再总结、后推广"的模式，为全国层面的整体改革积累宝贵经验。两种模式本质上都是体现着对难以准确判断成效和影响的创新采取小范围试行，如果能有效提高金融运行效率或让消费者受益，监管部门将通过修改政策法规或特批的方式在更大范围内使用。

不管是英国、新加坡还是中国香港，顺利实施沙盒测试并取得显著成效的国家或地区均是相对小型开放的经济体并且是国际金融中心。这些国家或地区自身市场比较小，肩负着国际金融中心的发展任务，因此国家金融监管层积极拥抱沙盒监管模式并适时根据运行情况、监管经验和行业反馈意见对申请标准、基本要求和政策法规等具体条款进行适当的修改及调整，以使测试不会偏离鼓励创新和防范金融风险的目标。

整体来看，第一，中国内地对金融科技企业实施沙盒监管，可借鉴香港目前的做法，实施原则上仅放宽业务规范而不放宽机构准入标准，以鼓励企业创新并从真实市场反馈中得到产品反馈，同时保证市场的稳定，有效控制风险。第二，可选择银行业进行先试先行，银行业在机构资质、风险防控、数据保护和人才储备等方面较其他类型的金融机构或初创科技企业有较强优势。

从各国和地区的实践经验来看，中国可以考虑在个别领域进行试点，如区块链、人工智能、大数据等，但本书认为，沙盒监管并不适合在中国大范围普遍展开。主要有以下三方面原因：

第一，金融科技行业一般有较强的跨地域性，涉及全国市场，风险管控较为困难，消费者权益保护方面潜在很大障碍。

第二，金融改革试点对改革内容是小范围专项性试点，目前实施沙盒测试的监管层则对测试业务和产品均秉持较为包容的态度，而我国市场较大，金融科技机构相对来说比较容易盈利，自身发展动力强，再实施沙盒监管可能会出现很多大中型金融科技机构都来申请，沙盒容纳不下如此多机构。

第三，金融试点改革一般可以放宽某一方面的政策限制，授权多为单一领域，而金融科技跨行业性明显，行业边界模糊。我国目前对金融科技监管主要存在监管不足和机构监管"谁的孩子谁抱走"问题，缺乏较为有效的协调机制，监管灰色地带利用沙盒监管模式并不能有效解决。

第 4 章　传统金融市场

4.1　中美 ETF 市场对比研究

4.1.1　引言

ETF，即交易型开放式指数基金，是一种将跟踪指数证券化，并在证券交易所买卖，为投资者提供参与指数表现的开放式基金产品。1993 年，美国证券交易所（Amex）推出世界上第一只真正意义上的 ETF 产品——标准普尔 ETF（SPDR），此后二十多年时间里，ETF 为全球基金行业带来了一场重大变革，同时，ETF 产品也成为全球金融市场上增长最快的产品之一。

美国是金融业最为发达的国家，ETF 产品在美国的发展十分迅速。无论从产品数量，还是从产品规模来看，美国的 ETF 市场都是全球最为发达的。相比美国而言，我国的资本市场发展不足，ETF 市场规模也较小。因此，通过对比中美 ETF 市场，可以进一步发现中美之间的差距，为我国

ETF 市场的发展提供参考。

4.1.2 ETF 概述

交易型开放式指数基金，通常又被称为交易所交易基金（exchange traded funds，ETF），是一种在交易所上市交易的、基金份额可变的开放式基金。

交易型开放式指数基金属于开放式基金的一种特殊类型，它结合了封闭式基金和开放式基金的运作特点，投资者既可以向基金管理公司申购或赎回基金份额，同时，又可以像封闭式基金一样在二级市场上按市场价格买卖 ETF 份额，不过，申购赎回必须以一揽子股票换取基金份额或者以基金份额换回一揽子股票。由于同时存在证券市场交易和申购赎回机制，投资者可以在 ETF 市场价格与基金单位净值之间存在价差时进行套利交易。套利机制的存在，使 ETF 避免了封闭式基金普遍存在的折价问题。

1. ETF 优势

（1）分散投资并降低投资风险。

被动式投资组合通常较一般的主动式投资组合包含较多的标的数量，标的数量的增加可减少单一标的的波动对整体投资组合的影响，同时借由不同标的对市场风险的不同影响，得以降低投资组合的波动。

（2）结合了封闭式与开放式基金的优点。

ETF 与封闭式基金一样，可以小的"基金单位"形式在交易所买卖。与开放式基金类似，ETF 允许投资者连续申购和赎回，但是 ETF 在赎回的时候，投资者拿到的不是现金，而是一揽子股票，同时要求达到一定规模后，才允许申购和赎回。

ETF 与封闭式基金相比，相同点是都在交易所挂牌交易，就像股票一样挂牌上市，一天中可随时交易。不同点是：①ETF 透明度更高。由于投资者可以连续申购/赎回，要求基金管理人公布净值和投资组合的频率相应加快。②由于有连续申购/赎回机制存在，ETF 的净值与市价从理论上看不会存在太大的折价/溢价。

ETF 基金与开放式基金相比，有两个优点：一是 ETF 在交易所上市，一天中可以随时交易，具有交易的便利性。一般开放式基金每天只能开放一次，投资者每天只有一次交易机会（即申购赎回）；二是 ETF 赎回时是交付一揽子股票，无须保留现金，方便管理人操作，可以提高基金投资的管理效率。开放式基金往往需要保留一定的现金应付赎回，当开放式基金的投资者赎回基金份额时，常常迫使基金管理人不停调整投资组合，由此产生的税收和一些投资机会的损失都由那些没有要求赎回的长期投资者承担。这个机制，可以保证当有部分 ETF 投资者要求赎回的时候，对 ETF 的长期投资者并无多大影响。

（3）交易成本低廉。

指数化投资往往具有低管理费及低交易成本的特性。相对于其他基金而言，指数投资不以跑赢指数为目的，经理人只会根据指数成分变化来调整投资组合，不需支付投资研究分析费用，因此可收取较低的管理费用；另外，指数投资倾向于长期持有购买的证券，而区别于主动式管理因积极买卖形成高周转率而必须支付较高的交易成本，指数投资不主动调整投资组合，周转率低，交易成本自然降低。

（4）投资者可以当天套利。

对于普通的开放式指数基金的投资者而言，当日盘中涨幅再大都没有意义，赎回价只能根据收盘价来计算，ETF 的特点则可以帮助投资者抓住盘中上涨的机会。由于交易所每 15 秒钟显示一次净值估值（IOPV），这个 IOPV 即时反映了指数涨跌带来基金净值的变化，ETF 二级市场价格随 IOPV 的变化而变化，因此，投资者可以在盘中指数上涨时在二级市场及时抛出 ETF，获取指数当日盘中上涨带来的收益。

（5）高透明性。

ETF 采用被动式管理，完全复制指数的成分股作为基金投资组合及投资报酬率，基金持股相当透明，投资人较易明了投资组合特性并完全掌握投资组合状况，做出适当的预期。加上盘中每 15 秒更新指数值及估计基金净值供投资人参考，让投资人能随时掌握其价格变动，并随时以贴近基金净值的价格买卖。无论是封闭式基金还是开放式基金，都无法提供 ETF 交易的便利性与透明性。

（6）增加市场避险工具。

由于 ETF 商品在概念上可以看作一档指数现货，配合 ETF 本身多空皆可操作的商品特性，若机构投资者手上有股票，但看坏股市表现的话，就可以利用融券方式卖出 ETF 来做反向操作，以减少手上现货损失的金额。对整体市场而言，ETF 的诞生使金融投资渠道更加多样化，也增加了市场的做空通道。例如，过去机构投资者在操作基金时只能通过减少仓位来避险，期货推出后虽然增加了做空通道，但投资者使用期货做长期避险工具时还须面临每月结仓、交易成本和价差问题；使用 ETF 作为避险工具，不但能降低股票仓位风险，也无须在现货市场卖股票，从而为投资者提供了更多样化的选择。

2. ETF 种类

中美两国对 ETF 产品的分类不完全相同。本书主要介绍中国的 ETF 分类，按照跟踪标的类型，可以大致将 ETF 划分为以下几类：

（1）股票型 ETF。

一是规模指数 ETF。例如，跟踪沪深 300 指数的有 300ETF（510300）、159919、HS300ETF（510310）、广发 300（510360）、华夏 300（510330）等；跟踪中证 500 指数的有 500ETF（510500）、500ETF（159922）、广发 500（510510）、诺安 500（510520）等；跟踪上证 50 指数的 50ETF（510050）等；以及跟踪上证 180、中证 800 等规模指数 ETF。

二是策略指数 ETF。主要是跟踪上证红利指数的红利 ETF（510880）、跟踪深圳红利指数的深红利 ETF（159905）。

三是行业指数 ETF。规模指数成分股覆盖众多行业类型，反映市场整体情况。将某个行业的成分股挑选出来，就可以构建行业指数。以沪深 300 行业指数为例，中证指数公司将其成分股划分为 10 个行业，以各行业全部股票作为样本，编制成沪深 300 行业系列指数。

四是主题指数 ETF。指数运营商为了满足市场需求，按照主观判断，把市场内的企业划分成不同的主题，构建起主题系列指数。跟踪这类主题指数的 ETF 主要有：央企 ETF（510060）、民企 ETF（510070）等。

五是海外指数 ETF。随着国内金融市场逐步开放，现在 A 股市场内也有几个跟踪境外股票市场指数的 ETF，主要有：恒生 ETF（159920）和恒指 ETF（513600）跟踪香港恒生指数；纳指 ETF（513100）和纳指 100（159941）跟踪纳斯达克 100 指数；德国 30（513030）跟踪德国 DAX 指数；标普 500（513500）跟踪标普 500 指数。

六是风格指数 ETF。风格指数 ETF 是在规模指数 ETF 基础上发展起来的，对规模指数 ETF 成分股权重新进行调整，目前我国有三只：深价值、价值 ETF 和成长 ETF。价值 ETF 和成长 ETF 的基础指数是上证 180 指数，然后根据价值因子和成长因子对指数进行调整，得到了相应的价值 ETF 和成长 ETF。

（2）其他 ETF 产品类型。

股票型 ETF 是最为重要的 ETF 产品，根据跟踪标的物不同，还有货币型 ETF、商品型 ETF 和债券型 ETF。

货币型 ETF，就是可以交易的货币基金。相比于普通货币基金，此类基金在交易所上市，可以进行买卖、申赎。

商品型 ETF，是以商品类指数为跟踪标的的 ETF 基金产品。投资者可以通过交易商品 ETF，方便地实现对黄金、石油、有色金属、农产品等商品资产的投资。目前我国只有黄金 ETF。

债券型 ETF，是指以债券指数为跟踪标的的 ETF 产品。按照债券 ETF 的运作方式，可以分为单市场实物债券 ETF 和现金债券 ETF。单市场实物债券 ETF，是指所跟踪债券指数的成分证券为深交所上市债券、投资者使用债券组合申购赎回的 ETF。现金债券 ETF，是指跟踪债券指数、投资者使用全额现金申购赎回的 ETF。例如，深交所首只债券 ETF——嘉实中期国债 ETF，跟踪中证金边中期国债指数，主要投资于剩余期限在 4~7 年之间的国债品种，可使用实物、现金替代及基金合同和招募说明书约定的其他方式进行申购赎回，并在深交所上市交易。

除了以上介绍的几种 ETF 产品类型，美国市场的 ETF 创新产品种类更

加丰富，如杠杆 ETF、Smart Beta ETF、海外市场 ETF 等。随着我国 ETF
市场的发展，未来 ETF 产品将更加多种多样，从而满足投资者的多样化
需求。

4.1.3　中美 ETF 基金的发行及运营

1. 发行机构

ETF，即交易型开放式指数基金，具有跟踪指数、随时开放申购赎
回和可以在二级市场交易的特征。ETF 基金发起时，基金管理人在获得
中国证监会批文后，可以向交易所提出协助发行申请，交易所接到材料
后受理产品开放申请。首次募资后，经交易所审批后，可在交易所挂牌
上市。

国内股票型 ETF 的发行始于 2004 年。早在 2002 年，上交所就提出了
发行 ETF 产品的构想。随后，经过华夏基金和上交所的前期研究，以及上
交所上报监管机构并制定业务规则后，终于在 2004 年成功推出我国第一只
ETF 产品——华夏上证 50ETF。

在我国，ETF 发起人可以由证券交易所或大型基金管理公司、证券公
司担任。[1] 根据 wind 数据统计，截至 2017 年末，我国股票型 ETF 产品共
计 126 个，主要发起人均为基金管理公司。目前国内参与 ETF 发起的基金
公司共计 28 家，发起产品最多的公司分别为南方基金累计发行产品 16 个，
广发基金累计发行产品 15 个，易方达累计发行产品 12 个；就发起产品的
资产总规模来看，华夏基金位居首位，其发起的 ETF 产品市值累计达到
668 亿元人民币，占股票型 ETF 总市值的 32%（见表 4-1）。

---

①　引自证券从业资格考试教材《基础知识》（2014）。

表 4-1   国内股票型 ETF 发起人/管理人 TOP5 统计

ETF 发起人	基金总市值（元）	市值占市场份额（%）	基金个数
华夏基金管理有限公司	66 839 567 740.16	32	10
易方达基金管理有限公司	24 045 795 348.53	11	12
南方基金管理有限公司	23 282 577 386.17	11	16
嘉实基金管理有限公司	21 613 593 718.95	10	10
华安基金管理有限公司	20 969 548 334.20	10	5

资料来源：wind 数据库。

总体而言，国内 ETF 产品的发行是由基金管理公司牵头，交易所审批、协助完成的。在运营中，由基金公司负责基金管理，并收取管理报酬；交易所负责监管，并收取上市费和交易费。

美国的 ETF 产品发行同国内情况类似，基金公司向交易所提出申请，交易所批准之后同意公司发行 ETF 产品。

2. ETF 产品运营中的费用及归属

（1）计入基金财务报表的费用。

在运营期内，基金管理公司应按照规定披露基金当期损益情况。其中计入基金当期损益的费用如表 4-2 所示。

表 4-2   股票型 ETF 费用一览

费用名称	费用归属	备注
管理人报酬	支付给基金管理公司的费用，即基金管理费	基金管理公司应在发行基金时公布费率和计算方法。通常按照基金净资产计提，并在运营期间逐日确认
托管费	支付给基金托管人的费用	
销售服务费	支付给销售机构的费用	
交易费用	买卖成分股产生的费用	
利息支出	当期派发给基金持有人的利息	
指数使用费	支付给指数服务商的费用（如 MSCI）	
上市费	基金在二级市场上市时支付给交易所的费用，包括摊销的上市初费和当期上市年费	上市初费 3 万元，年费为 6 万元/年
其他费用	包括银行费用、审计、信息披露等费用	

资料来源：基金公司季度公告/财务报表。

美国 ETF 财务报表与国内采用不同的会计准则，基金管理公司会在期末披露基金当期发生的费用率（expense ratio），表现当期从基金净值中所扣除的费用占比。常见的费率包括总费用率（gross expense ratio）和净费用率（net expense ratio），前者与后者相比，涵盖了基金融券产生的利息和红利支出；同时，后者不受费用豁免条款的影响。除此之外，费用率还包括销售渠道费用、审计费用、上市费以及管理费等。

与国内相同，申购赎回费用及二级市场交易费用不计入基金费用。整体来看，报表披露的费用科目和费用归属与国内基本一致。

其中，基金管理人报酬是基金管理公司从基金净资产中扣除的收入。在国内外，ETF 产品的管理费用都会显著低于其他主动型公募基金产品。在美国，部分基金公司会在产品发行初期或规模较小时，提供"waiver or reimbursement agreements"，即管理人和其他服务商暂时放弃收取部分费用，在条款结束再进行补缴。因此，美国 ETF 产品的业绩报表中会出现管理费用（management fee）为负的情况。

（2）投资者买卖基金产生的费用。

① 申购费与赎回费。

ETF 可在场内和场外进行交易。与其他开放式公募基金一样，投资者在场外申购和赎回 ETF 时需要缴纳一定比例的费用。有别于其他基金的是，ETF 采用实物申购赎回制度，即通过"一揽子股票"购入基金。同时，ETF 申购赎回无须缴纳印花税。

中美监管方都明确规定了 ETF 在场外申购赎回的最低金额。根据上海证券交易所规定，投资者申购赎回 ETF 时需要开设 A 股账户，同时费率应低于 0.5%。[①] 费用由基金管理公司直接收取。美国监管方暂未对申购和赎

---

① 引自上海证券交易所官网对于 ETF 的业务指引。

回费率进行规定，具体要求可以到各基金公司官网进行查询。例如，标准普尔公司对其开发的 ETF 产品的申购和赎回费作了如下规定：按照每个申购或赎回单位来计算，每次申购或者赎回的费用最高为申购赎回最低标准金额的 0.1%或者 3000 美元。[①]

在费用归属方面，基金的申购费通常用于支付代销渠道，如为基金公司销售产品的银行等；或部分作为基金管理公司的收入，具体分配情况由基金管理公司和代销商确定。而基金的赎回费通常会计入基金净资产，计在当期报表的"其他收入—基金赎回费收入"科目下，作为对其他基金投资者的补偿。

② 二级市场交易费用。

ETF 基金可以在场内进行交易。投资者在二级市场交易产生的费用由开户券商收取，上缴给交易所，与基金损益无关。根据上交所规定，ETF 产品交易不收取印花税，按照成交金额的 0.0045%收取交易费用，货币 ETF、债券 ETF 暂免。

3. 基金管理公司的收入和费用

根据第 2 节分析，基金管理公司在基金运营期间的直接收入是基金管理费，即基金财务报表中所披露的"费用—管理人报酬"，以及提取的部分基金申购费。ETF 的基金管理费按照一定比例与基金当期净资产相乘得到，逐日计算基金管理费，并在基金的定期报表中进行披露。

由上述分析可知，影响基金管理公司收入的主要因素是基金的净资产规模和管理费率。但是，基金公司不会对具体 ETF 产品所产生的基金经理薪酬、风控费用等成本进行披露，因此，我们可以计算基金公司的当期损

---

① 详见监管规则部分。

益，但无法计算基金公司在该产品上的净利润。

4. 交易所收入

由前述分析可知，交易所关于 ETF 的收入主要来源于两方面：一是 ETF 在交易所上市收取的费用；二是 ETF 发生场内交易带来的费用。

如表 4-3 和表 4-4 所示，在国内 ETF 上市费用为定额，与基金的规模、交易及业绩表现无关；ETF 产品的二级市场交易费由交易所向会员券商收取，按照成交金额乘以一定比例计算。因此，上海证券交易所关于 ETF 产品的收入取决于产品的场内成交金额。

表 4-3　　　　　　　　　交易所上市费用

基金（封闭式基金、ETF、LOF）	上市初费	3 万元，普通 LOF 暂免	基金管理人交上交所
	上市年费	6 万元／年，普通 LOF 暂免	基金管理人交上交所

资料来源：上海证券交易所官网。

表 4-4　　　　　　　　　交易所收取经手费

基金（封闭式基金、ETF、LOF）	经手费	成交金额的 0.0045%（双向），货币 ETF、债券 ETF 暂免	会员等交上交所

资料来源：上海证券交易所官网。

如表 4-5 和表 4-6 所示，在美国，ETF 上市也需要向交易所缴纳费用，但其计费方式与国内不同。首先，在上市初费方面，美国交易所也会收取一次性挂牌费用，如纽交所挂牌费为 2500 美元，证券增发将收取额外费用。其次，在年费方面，纽交所采取按资产规模分级计费的方式，并对主动型 ETF 和被动型 ETF 采取不同的计费标准。最后，纽交所对基金名称（name）和代码（symbol）变更均会收取 2500 美元的手续费。

表 4-5   指数型 ETF 年费一览

发行规模（万美元）	年费（美元）
<250	5000
250~4999.9999	7500
5000~9999.9999	10000
10000~24999.9999	15000
25000~49999.9999	20000
>50000	25000

资料来源：纽交所官网。

表 4-6   主动型 ETF 年费

发行规模（万美元）	年费（美元）
<250	7 500
250~4999.9999	10000
5000~9999.9999	12500
10000~24999.9999	20000
25000~49999.9999	30000
>50000	40000

资料来源：纽交所官网。

因此，从收入角度考虑，国内交易所的收入取决于上市产品数量和产品场内成交金额；而美国交易所的收入将受到产品规模，即份额数量的影响。

5. 小结

综上所述，从盈利角度来看，直接影响中美两国基金管理公司收入的是基金净资产；而直接影响国内交易所收入的指标是基金的产品数量和场内成交金额，直接影响美国交易所收入的指标是基金发行规模。此外，基金公司运营一只 ETF 产品的成本也会受到成分股数量、风险管理等因素的影响。

4.1.4　ETF 监管规则

1. 产品结构

目前，国内 ETF 产品结构相对单一，均为开放式基金，属于被动管理型 ETF。在上交所主页，对于 ETF 产品的定义也更偏重于被动追踪指数的特征，提出"ETF 是一种指数基金……基金经理不按个人意向做出买卖决定，而是根据指数成分股的构成被动地决定所投资的股票，投资股票的比重也跟指数的成分股权重保持一致"。

而在美国，一方面，ETF 市场发展更为完善，产品结构和策略也更为完整。如股票型 ETF 除了常见的开放式基金结构外，也可采用单位投资信托（UITs）结构，该结构下基金投资的被动特征更明显，且受监管限制无法进行融券。此外，在运营方面不同结构的基金也有所差异。举例来说，SPDR S&P 500（SPY）和 iShares S&P 500 Index Fund（IVV）都跟踪 S&P 500 指数，SPY 采用单位投资信托结构，而 IVV 采用开放式基金结构。IVV 在定期向投资者发放红利前，能够将股息进行再投资；而 SPY 则在派息前需要将股息计入特殊账户，不得用于再投资。最后，单位投资信托结构的 ETF 有固定到期日，如 SPY 的到期日在 2018 年 1 月 22 日。

另一方面，美国市场上存在大量主动管理型 ETF。主动管理型 ETF 产生于 2007 年，其策略可以脱离指数，由基金管理人进行主动投资。而在国内尚未出现此类产品。从交易所的业务说明和指引来看，现阶段国内的 ETF 产品仍以被动跟踪指数、复制指数市场表现为目标。同时，市场上的

ETF 联接基金和 LOF 产品也为投资者提供了更多相对主动的策略选择。ETF 联接基金是指将其绝大部分基金财产投资于跟踪同一标的指数的 ETF，密切跟踪标的指数表现，追求跟踪偏离度和跟踪误差最小化，采用开放式运作方式的基金。国内基金管理公司在发行 ETF 的同时通常会发行对应的 ETF 联接基金。

2. 监管主体与政策

在国内，ETF 的上市需要通过证监会审批，而 ETF 的监管主体是交易所。目前，上交所对于 ETF 的监管规则如表 4-7 所示，已经形成了相对完善的监管框架。

表 4-7 上交所 ETF 监管规则一览

时间	机构	名称	说明
2004-11	中国证券登记结算有限责任公司	中国证券登记结算有限责任公司交易型开放式指数基金登记结算业务实施细则	规范 ETF 的清算细则
2012-03	上海证券交易所	上海证券交易所交易型开放式指数基金业务实施细则	对基金的发售、申购赎回、交易、融资融券比重、信息披露等进行规范；并明确惩罚机制
2012-04	上海证券交易所	上海证券交易所交易型开放式指数基金管理公司运营风险管理业务指引	对基金管理团队编制、系统搭建以及管理制度给出明确要求；规范申购赎回清单披露和净值计算；规范基金的风控和投资者教育
2012-05	上海证券交易所	上海证券交易所交易型开放式指数基金流动性服务业务指引	对 ETF 的流动性服务，即上交所为上市基金提供持续双边报价服务，进行说明；规范流动性服务商的业务
2014-01	上海证券交易所	上海证券交易所开放式基金业务管理办法	对交易所上市的开放式基金的认购、申购、赎回、转托管等业务加以规范

资料来源：上交所官网。

除此之外，上交所主页也对 ETF 业务进行了更为明确的指引。如明确 ETF 产品的申购赎回均无须缴纳印花税，申购赎回费率低于 0.5 元；以及+/−10%的涨跌停限制等。

而美国 ETF 市场的规则制定则主要由 SEC 负责，这些法案可以分为根本性法案和补充性法案。根本性法案主要有 1933 年法案、1934 年法案和 1940 年法案，再加上众多补充性法案和细则，美国对 ETF 市场已经形成了完善的监管体系（见表4-8）。

表 4-8 美国监管规则一览

时间	机构	名称	说明
1933 年	SEC	证券法	规定了证券交易的两大原则：一是证券公司需要对投资者披露相关信息；二是要保证证券交易的公平性
1934 年	SEC	证券交易法	由于 ETF 产品同普通股票有差别，因此需要做出一些豁免性条款。例如，由于 ETF 有申购赎回市场和二级交易市场之分，因此，不要求 ETF 产品发行公司同最后投资者取得联系
1940 年	SEC	投资公司法	明确了投资者购买 ETF 产品时"买者自负"的原则，同时，提出了"注册投资公司"（registered invested company）的概念
1990 年	SEC	投资公司法放松条例	对 1940 年投资公司法的一些内容进行放松，促进 ETF 市场发展。第一，区别于共同基金只能在交易日结束时进行申购和赎回，该法案规定，ETF 申购和赎回可以在一天中任何可交易时间进行；第二，ETF 产品可以在交易所上市
2017 年	SEC	涨跌停限制条例	对 ETF 价格异常波动进行限制，保障投资者权益
2017 年	SEC	对监管条例 M 的放松	将申购的最低条件从 50000 份额或者 100 万美元降低到 10000 份额或者 25 万美元
2018 年	SEC	ETF 持续上市规则	要求在交易所上市的 ETF 产品满足一系列规则，包括对于相关指数的要求

资料来源：美国 SEC 网站和纽约证券交易所网站。

4.1.5　中国 ETF 市场概述

1. 发展历史

从 2004 年华夏基金发行第一只 ETF 开始到现在，中国 ETF 市场经过十几年已经得到了长足的发展，ETF 产品数量逐渐增加，产品种类得到了极大丰富，市场规模也在不断扩大。我国 ETF 市场的发展可以分为以下五个阶段：

开拓期：2001～2004 年。2001 年，上交所提出 ETF 的发行构想；2004 年 12 月，上交所发布《上海证券交易所投资基金上市规模》；2004 年 12 月，华夏基金发行我国第一只 ETF 产品——上证 50ETF。

摸索期：2005～2006 年。华夏基金发行中小板 ETF；华泰柏瑞发行上证红利 ETF。

停滞期：2007～2008 年。2006 年初，由于基金折价，ETF 市场发生大规模赎回，市场需求和流动性不足，之后，2008 年金融危机的爆发加剧了 ETF 市场的困境。

快速发展期：2009～2011 年。这段时间，我国 ETF 产品数量增长很快，但是产品同质化问题较为严重。

创新期：2012 年至今。产品种类不断丰富，除了股票型 ETF，逐渐出现了债券型 ETF、货币型 ETF 和商品型 ETF；市场规模大幅度上涨，ETF 产品逐渐得到国内投资者的认可；交易制度也不断完善，为 ETF 市场的发展提供了保障；除了传统的被动策略，衍生策略逐渐增多，Smart Beta 产品未来一定会增加。

2. 发展现状

（1）整体市场概况。

从图 4-1 可以看出，我国 ETF 产品数量逐渐增加，其中，股票型 ETF

一直都是我国最为重要的 ETF 产品类型，随着市场创新进程的加快，货币
型 ETF 的数量也逐渐增加，但商品型 ETF 和债券型 ETF 的数量一直都比
较少。

（个）

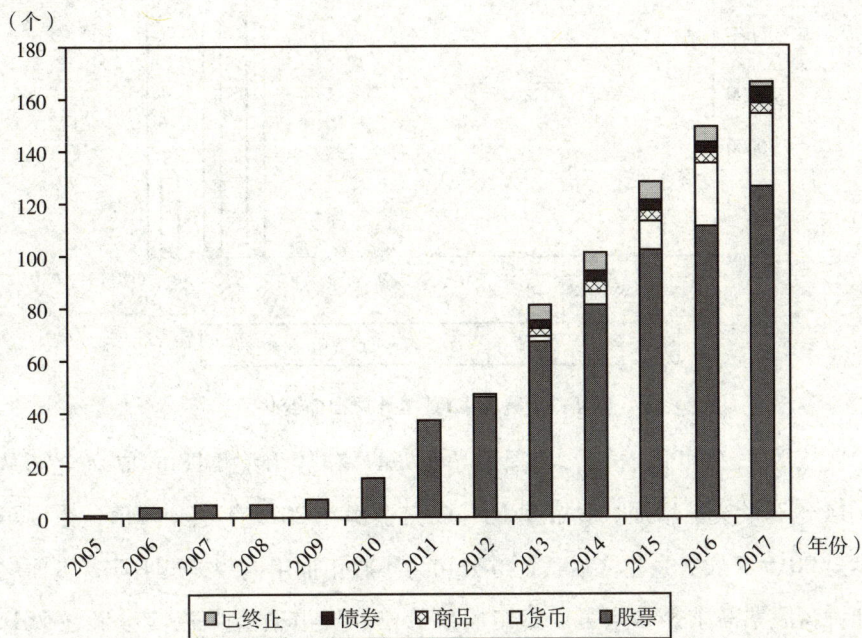

图 4-1　我国 ETF 累计发行数量变化

从图 4-2 可以看出，我国 ETF 产品累计总市值在 2015 年突然增加，
而且主要是由于货币型 ETF 市值增加所造成的。分析其原因，一方面，货
币型 ETF 采用 T+0 交易机制，具有比场外货币基金更鲜明的流动性优势；
另一方面，2015 年 A 股主要股指波动剧烈、新股 IPO 暂停较长时间，吸引
了场内众多避险资金涌入货币型 ETF 市场。2016~2017 年，ETF 累计总市
值下降，很大程度是因为股票市场逐渐恢复稳定，资金从货币型 ETF 市场
流出。

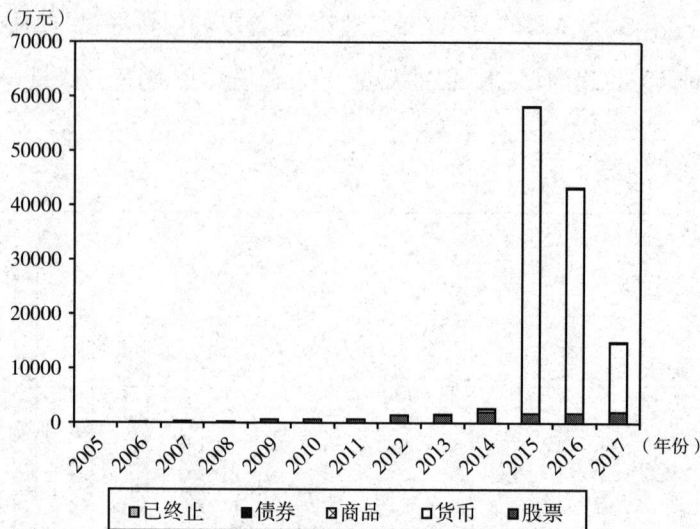

图 4-2　我国 ETF 累计总市值变化

从图 4-3 可以看出，我国股票型 ETF 和货币型 ETF 的成交金额从 2014 年开始突然增加。股票型 ETF 成交金额在 2015 年达到峰值，原因可能是 2015 年股灾发生之后，证券公司为了救市而申购规模型 ETF，进而增加大盘股票需求，希望可以稳定股票价格。货币型 ETF 成交金额在 2016 年达到峰值，在 2017 年回落。

（2）股票型 ETF 市场分析。

在我国，股票型 ETF 数量最多，是最为重要的 ETF 产品类型，因此，本节重点分析股票型 ETF。图 4-4~图 4-7 展示了我国股票型 ETF 的一些基本信息。

中国股票型 ETF 的发行始于 2004 年。早在 2003 年，上交所就提出了发行 ETF 产品的构想。随后，经过华夏基金和上交所的前期研究，以及上交所上报监管机构并制定业务规则，终于在 2004 年成功推出我国第一只 ETF 产品——华夏上证 50ETF。

（万元）

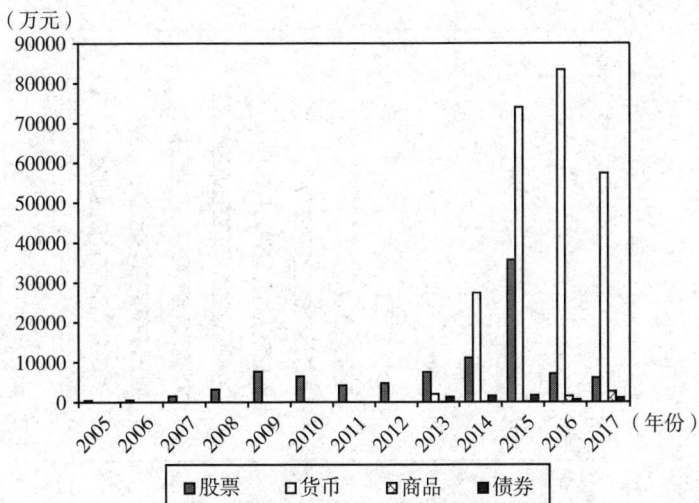

图 4-3 我国 ETF 成交金额变化

（个）

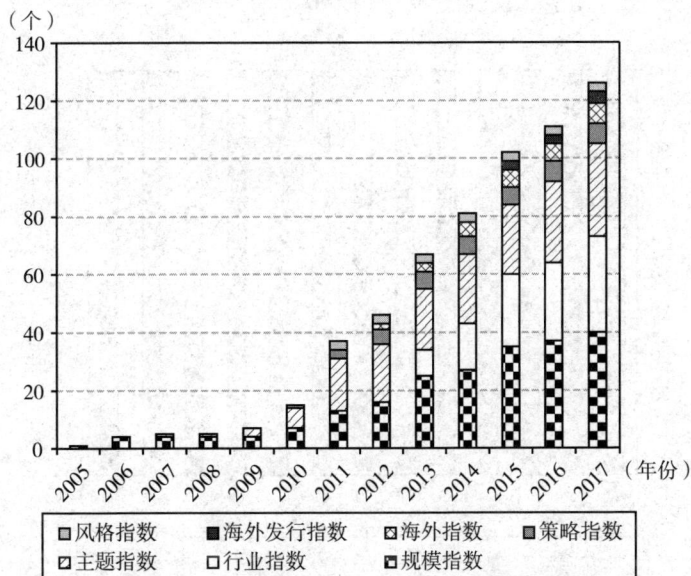

图 4-4 我国股票型 ETF 累计数量变化

资料来源：国泰安数据库。

（百万元）

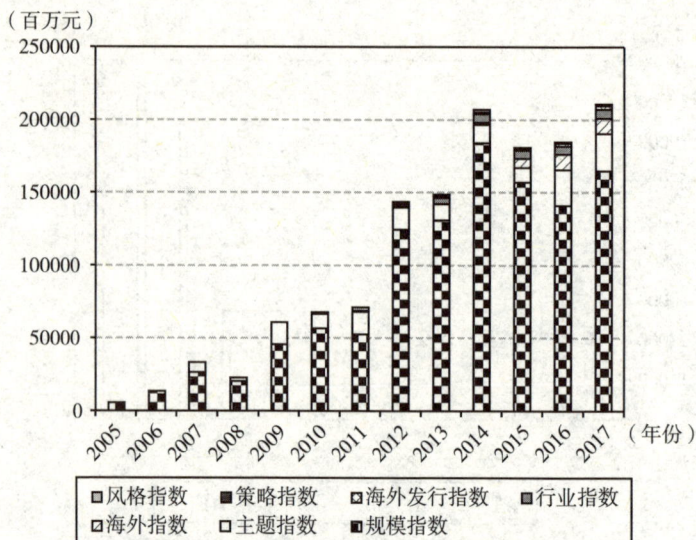

图 4-5　我国股票型 ETF 累计市场规模变化

资料来源：国泰安数据库。

（%）

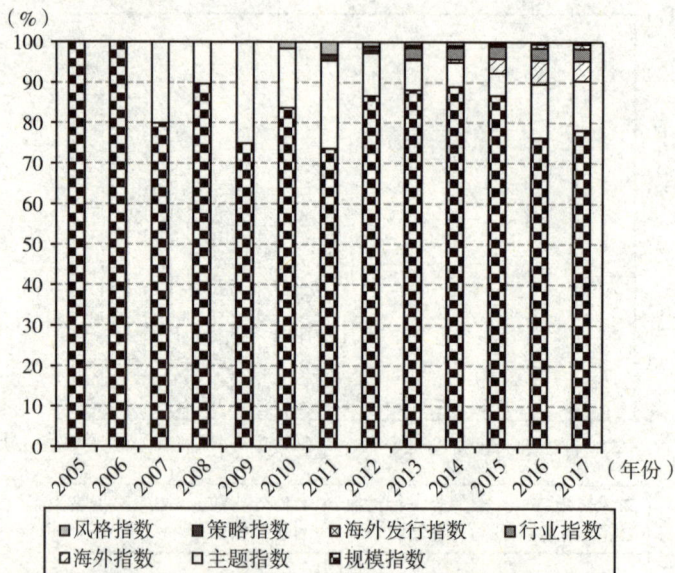

图 4-6　我国股票型 ETF 市值占比变化

资料来源：国泰安数据库。

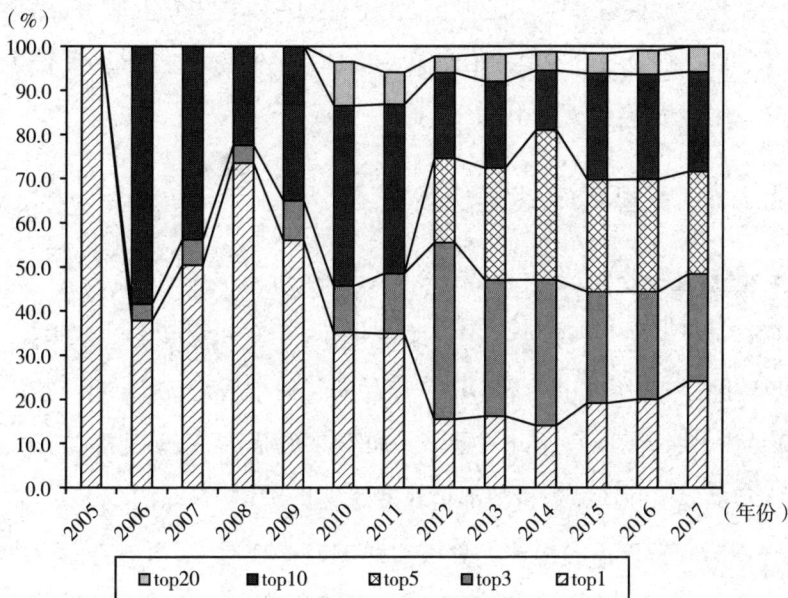

图 4-7 我国股票型 ETF 集中度分析

资料来源：国泰安数据库。

在此后的 2005～2008 年期间，我国 ETF 发展总体较为缓慢，股票型 ETF 虽出现了红利指数 ETF 产品的创新，但数量和规模增长均不明显。2009 年起，我国 ETF 得到较快发展，股票型 ETF 在市值规模上突破 500 亿元人民币，同时也陆续出现了规模性产品外的更多创新。

2015 年，受股市震荡影响，股票型 ETF 市场出现萎缩。2016 年至今，随着股市回暖，股票型 ETF 市场又呈现增长趋势。此外，随着中国股市发展和沪港通落地，我国 ETF 产品在标的指数上有了更多选择，出现了以国外公司发行的 A 股指数以及港股指数为标的的 ETF 产品。

截至 2017 年末，我国累计发行股票型 ETF 产品 126 个。其中，规模型 ETF 占据 70% 以上的市场份额。此外，我国市值占比前五名的股票型

ETF 产品均为规模型 ETF，分别为华夏上证 50ETF、华安上证 180ETF、嘉实沪深 300ETF、华夏沪深 300ETF 和华泰柏瑞沪深 300ETF。总体来说，我国股票型 ETF 市场较为集中。

4.1.6 美国 ETF 发展概述

1. 发展及现状

ETF 最早诞生并兴起于美国，世界上第一个真正意义上的 ETF 产品是于 1993 年在纽交所上市的 SPDRs，产品的目标指数为 S&P 500。在 20 世纪 90 年代中期，ETF 发展正式起步。如图 4-8 所示，金融危机以来，美国 ETF 在产品规模和产品数量上都呈现出稳定上涨的趋势。截至 2017 年第三季度，美国 ETF 产品的净资产总额达到 31257.21 亿美元，产品共计 1919个（见表 4-9）。

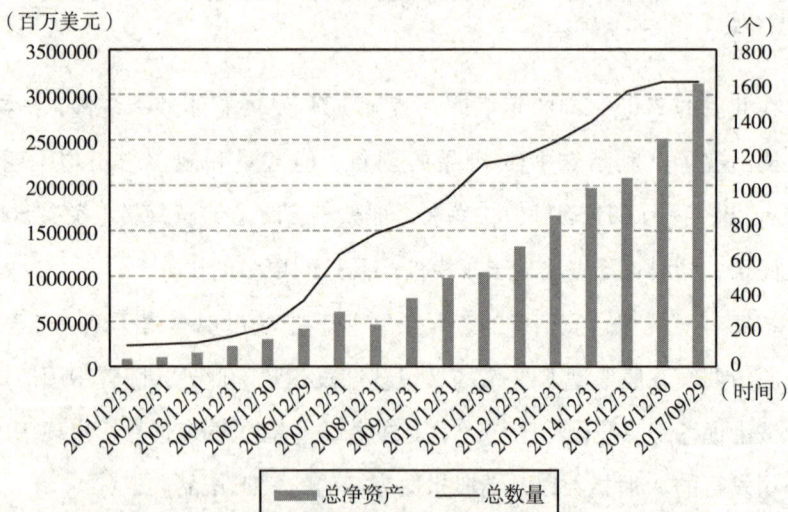

图 4-8　美国 ETF 市场规模及产品发行情况 （CRSP 数据）

表 4-9   2017 年第三季度美国 ETF 市场概况

一级分类	产品个数	产品总净资产（亿美元）	备注
equity	1252	25434.09	权益型（含商品）
fixed income	260	5161.13	固收型
mixed	47	139.95	混合型（权益类+固收类）
currency	18	21.62	货币型
alternatives	13	359.46	其他金融资产

资料来源：CRSP 数据库。

如表 4-9 所示，从基础资产来看，美国市场上的 ETF 包括权益类、固定收益类、商品类、货币类和其他金融资产类。其中，商品型 ETF（commodity ETF）在 CRSP 分类下被归入权益型 ETF（equity ETF）产品中，作为行业型 ETF（sector ETF）的子分类。同时，也有一些 ETF 的投资对象同时包含权益类和固定收益类金融资产，因此被单独记作混合型 ETF（mixed ETF）。

由表 4-9 可知，美国 ETF 市场上权益型 ETF 产品在规模上和数量上都占据绝对主导地位，其资产净值总额占比超过 80%。其次是固定收益型 ETF 产品，其净资产总规模占比约 16.5%。货币 ETF 发行规模和产品数量均较少。

2. 权益型 ETF

权益型 ETF 按照投资证券所在市场可以分为国内权益型 ETF（domestic equity ETF）和国外权益型 ETF（foreign equity ETF）。对于投资对象在美国上市的 ETF 产品，根据其追踪的指数策略不同又可以分为规模型 ETF（scale ETF）、风格型 ETF（style ETF）和行业型 ETF（sector ETF）。

如表 4-10 所示，目前在产品数量上最多的风格型 ETF，其策略类型主要包括价值/成长策略（growth）、红利策略（income）、地域等风险因子对冲（hedged）以及反向策略（short）。其中占市场份额最高的是价值/成长型 ETF，产品数量累计达到 167 个，资产净值占全部风格型 ETF 的一半以上。

表 4-10   2017 年第三季度美国各类国内权益型 ETF 资产净值和产品个数

CRSP ETF 分类		产品个数	总资产净值（亿美元）
规模型 ETF	高市值	3	4420.57
	中市值	41	1621.47
	small-cap	52	1619.31
	micro-cap	4	9.96
风格型 ETF	growth 价值/成长策略	167	4001.42
	income 红利策略	50	1134.78
	growth & income	23	1317.49
	hedged	88	197.95
	short 反向策略	50	108.88
行业型 ETF	gold & commodity	56	736.68
	other	252	3364.87

资料来源：CRSP 数据库。

而从净资产来看，规模型 ETF 仍占据最多市场份额。与国内市场相似的是，美国规模型 ETF 也存在市场份额集中于高市值 ETF 的特征。其中高市值 ETF（Large-cap ETF）分类下虽然只有 3 个产品，但在规模型 ETF 中总资产净值占比超过 50%。这 3 个产品分别为 SPDR S&P 500 ETF Trust，Black Rock 发行的 iShares Core S&P 500 ETF，以及 Vanguard 500 Index Fund，产品的目标指数均为 S&P 500，产品在 2017 年第三季度的资产净值分别位列整个市场的第一位、第二位和第五位。

美国的行业型 ETF 除去包含的商品型 ETF 共计 252 个产品，其发行过程与中国相比更加成熟，基金公司通常会选定一个系列行业指数进行集中购买使用权并发行产品。如 Select Sector SPDR Funds 系列的行业型 ETF 追踪标普编制发行的 S&P 行业指数，该系列指数按照全球行业分类系统（GICS）标准将 S&P 500 指数的成分股划入 11 个行业分类，并将信息技术（information tech）和通信服务（telecommunication service）合并为技术（technology）分类，形成 10 个行业指数。道富环球投资管理以该系列指数为标的发行的 10 个 ETF 产品能够有效覆盖所有一级行业分类，满足投资者对各行业股票的投资需求。

4.1.7 中美 ETF 市场对比

1. 市场规模

美国 ETF 市场起步早，规模大，发展已较为成熟。目前，我国的 ETF 产品只有一百多只，美国已经有将近两千只 ETF 产品。从市场规模来看，我国 ETF 产品总市值和总净资产值同美国市场的差距极大。

此外，美国 ETF 市场的运行机制和监管体系更加完善，为 ETF 市场的发展提供了良好的环境。从第一只 ETF 产品发行到现在，美国 ETF 市场成长迅速，已经成为全球最大的 ETF 市场，而中国 ETF 市场发展较为缓慢。

2. 投资策略

在投资策略方面，如前文所述，中国 ETF 产品更强调通过完全复制指数的资产组合来追踪指数、复制指数；而美国 ETF 产品则更为灵活。在美国市场中，主动管理型 ETF 和 Smart Beta ETF 已形成了一定规模。主动管理型 ETF 允许基金经理构建主动投资策略，而无须追踪特定指数。Smart

Beta 类产品则允许基金经理对指数投资组合进行一定调整，在被动选股的基础上构建主动策略。2017 年 10 月 18 日，EquBot LLC 和 ETF Managers Group 合作推出了主动管理型的 AI Powered Equity ETF，首次将人工智能和机器学习应用于 ETF 投资中，为 ETF 市场带来了新的变革。

3. 投资对象

在投资对象方面，股票型/权益型 ETF 都是中美两国 ETF 市场中最为重要的产品。从细分产品来看，中美规模最大的产品均为投资于高市值股票的规模型 ETF。在风格型 ETF 方面，如前文所述，美国市场上的风格型 ETF 覆盖的风险因子类型全面，能较好地满足投资需求。而国内的风格型、主题型 ETF 产品发行较少，类型存在较多空缺。

我国其他类型的 ETF 产品发展缓慢。国内的商品型 ETF 仅为四只黄金 ETF，数量少、规模小、种类少；同时，受外汇管制影响，除港股以外的境外 ETF 在我国发行规模较小，发展空间不足。值得注意的是，除了通过复制指数资产组合追踪指数外，在欧美、中国香港等市场基金管理公司也可以通过买卖衍生品来复制指数业绩，这样的 ETF 产品被称为"复合 ETF"（synthetic ETF）。相较于美国市场，这种产品在欧洲市场更为常见。

综上所述，目前国内 ETF 市场仍处于发展中，股票型 ETF 产品有待进一步完善，ETF 作为被动型投资工具的功能仍有较大的发挥空间。

4.1.8 小结

本书从 ETF 运营、ETF 监管以及 ETF 发展状况等角度对中美 ETF 市场进行了对比。

首先，ETF产品一般是由基金公司发行，在运营过程中会产生各种费用，这些费用怎么计算、如何计入财务报表，中美两国有不同的计算方法和财务标准，因此，基金公司在ETF产品上花费的费用会有差别。

其次，ETF是在交易所上市的产品，因此，需要受证券监管机构的监管。在美国，ETF产品主要受美国证券交易委员会（SEC）监管，而在我国，除了基本的证券交易法律法规，ETF产品的监管规则主要由证券交易所发布。相比中国而言，美国对ETF产品的监管更为全面，法律法规及相关条例更为详尽，监管体系也更为完善。此外，中美两国交易所对基金公司发行ETF产品的相关收费也有所不同。

最后，中美ETF市场存在很大差距。美国ETF市场起步早，目前已经比较成熟，产品种类多，市场规模大，关于ETF产品的创新不断出现，主动管理型ETF和海外市场ETF产品发展迅速。而在我国，ETF产品出现较晚，同时，由于市场机制发展不完善，ETF产品种类少，发行的新产品主要集中在股票型ETF上，产品规模也较小。此外，由于外汇管理等限制，我国ETF市场发展受到诸多制衡。

4.2 中国住房价格指数

4.2.1 引言

中国正经历着持续多年的房价快速上涨，房地产泡沫是否存在及其对中国经济可能造成的危害引起国内外学者的广泛探讨。[①] 住房价格过高既

---

① 探讨中国房地产泡沫问题的国内外文献较多，如阿胡贾等（Ahuja et al.，2010）；方等（Fang et al.，2016）；孟庆斌、荣晨（2017）等。

是经济问题又是社会问题，中国的政策制定者也时刻关注房屋价格的变化，并制定政策干预市场以引导价格走势。① 学术研究和政策制定的前提之一，是精确刻画住房价格的变动。为了准确衡量中国主要城市住房价格走势，清华大学五道口金融学院和北京云房数据技术有限责任公司共同编制了中国住房价格指数（chinese housing price index，CHPI）。该指数使用商品住宅挂牌、成交、网签数据和国际主流同质房屋价格测算方法——特征价格模型（hedonic model），呈现中国主要城市住房价格波动情况。本文以 CHPI 北京存量房指数为例进行说明。

部分机构和学者已经尝试构建中国存量房价格指数。国家统计局每月公布全国 70 个大中城市存量房销售价格指数。② 该指数使用的数据由房地产开发商上报数据和调查员实地采集数据组成，包括成交住宅所在小区或社区名称、所在区域、本月销售面积、本月销售金额、上月销售单价、本月销售单价等内容。计算方法分为两步：一是将存量住宅分为 90 平方米以下、90~144 平方米、144 平方米以上三类；二是根据公式 $I_t = I_{t-1} \times$

$$\frac{\sum_i P_i^t \times Q_i^{2010}}{\sum_i P_i^{t-1} \times Q_i^{2010}}$$ 计算指数，I_t 和 I_{t-1} 分别是第 t 期和第 $t-1$ 期的指数，P_i^t 和

P_i^{t-1} 分别是第 i 分类第 t 期和第 $t-1$ 期的平均销售价格，Q_i^{2010} 是第 i 分类

---

① 2010 年之后，中国政府发布多个对住房市场产生重要影响的文件。例如，2010 年 4 月 17 日《国务院关于坚决遏制部分城市房价过快上涨的通知》，2011 年 1 月 26 日《国务院办公厅关于进一步做好房地产市场调控工作有关问题的通知》，2013 年 2 月 26 日《国务院办公厅关于继续做好房地产市场调控工作的通知》等。

② 70 个大中城市包括 35 个直辖市、省会城市、自治区首府城市（不含拉萨市）、计划单列市和 35 个其他城市（唐山、秦皇岛、包头、丹东、锦州、吉林、牡丹江、无锡、扬州、徐州、温州、金华、蚌埠、安庆、泉州、九江、赣州、烟台、济宁、洛阳、平顶山、宜昌、襄樊、岳阳、常德、惠州、湛江、韶关、桂林、北海、三亚、泸州、南充、遵义、大理）。

2010 年的销售面积（2010 年为基期）。中国指数研究院每月公布北京、上海等城市存量房销售价格指数。该指数使用房地产经纪公司提供的挂牌数据，包括房屋建筑面积、户型、朝向、楼层、挂牌总价、物业类型、周边配套设施等内容。计算方法为 $I_t = I_{t-1} \times \dfrac{\sum_i P_i^t \times Q_i^{t-1}}{\sum_i P_i^{t-1} \times Q_i^{t-1}}$，$I_t$ 和 I_{t-1} 分别是第 t 期和第 $t-1$ 期的指数；P_i^t 和 P_i^{t-1} 分别是第 i 个房地产项目第 t 期和第 $t-1$ 期的平均挂牌价格；Q_i^{t-1} 是第 i 个房地产项目第 $t-1$ 期的总建筑面积。北京大学林肯研究院城市发展与土地政策中心和清华大学恒隆房地产研究中心（简称"恒隆"）每季公布中国典型城市住房同质价格指数，分为新建住房和存量房两类。[1] 存量房指数使用房地产经纪公司提供的挂牌数据，包括房屋建筑面积、楼层、位置等内容。计算方法是郭等（Guo et al.，2014）提出的类重复交易模型（pseudo repeat sales model），即通过比较发生在不同时期、相同空间范围的房屋交易信息来构建指数。[2] 除了上述机构，一些学者也根据中国某个或多个城市的存量房交易数据编制指数，比如郑思齐等（2013）、吴等（Wu et al.，2014）、方等（2016）、周（Zhou，2016）。

本书编制的 CHPI 北京存量房指数（简称"CHPI"）和已有的北京市存量房指数存在差异。图 4-9 将国家统计局、中国指数研究院、恒隆编制的北京市存量房指数和 CHPI 做了对比，可以直观感受到各个指数的不同。[3] 第一，CHPI 根据挂牌、成交、网签三类数据编制，每类又分为城区

---

[1] 恒隆指数包含 8 个城市，分别是北京、上海、天津、深圳、成都、大连、武汉、西安。

[2] 相同空间范围指相同的小区、销售批次、楼房，范围依次缩小，指数精度依次提高。

[3] 与部分学术文献构建的指数相比，国家统计局、中国指数研究院、恒隆编制的北京市存量房指数可以持续更新，便于和 CHPI 比较。

和郊区，而其他指数根据某一种数据编制，国家统计局和中国指数研究院的指数没有区分城区和郊区。[①] 第二，CHPI 包含地区指数、学区指数、面积指数等丰富的细分指数（详见附录 2），而其他机构编制的细分指数较少。第三，统计局指数在 2012~2015 年涨幅低于其他指数。由于统计局指数使用的数据是房地产开发商上报数据，而开发商更倾向于隐瞒房价上涨，该指数的真实性一直备受质疑。第四，中国指数研究院的指数使用挂牌数据，但涨幅远低于同样使用挂牌数据的恒隆指数和 CHPI 中的挂牌指数。一方面，中国指数研究院的指数计算方法是以面积为权重的挂牌价格的加权平均数，没有控制面积、楼层、小区等因素对房屋价格的影响，而恒隆指数和 CHPI 挂牌指数剔除了市场以外的其他主要房屋价格影响因素的作用。另一方面，中国指数研究院的北京市存量房指数是中国房地产指数系统中的一个指数，该系统具有较强的官方背景：它最早由国务院研究发展中心、中国房地产开发集团于 1994 年发起，分别于 1995 年和 2005 年通过国务院发展中心、建设部、国土资源部、中国银监会、中国房地产协会等单位的专家鉴定。因此，该指数编制过程中或多或少会考虑缩小与官方指数——统计局指数的差异。第五，恒隆指数使用挂牌数据，与 CHPI 挂牌指数走势相近但不完全相同，与 CHPI 网签指数和 CHPI 成交指数走势差异较大。恒隆指数与 CHPI 挂牌指数相近但不同的原因：一是两个指数都使用北京市存量房挂牌数据，指数会呈现相近形态。二是两个指数使用的数据集不完全相同。恒隆指数使用链家地产、麦田、我爱我家三个房地产中介公司提供的数据；CHPI 挂牌指数使用的数据来自更多的房地产中

---

① CHPI 的城区包括东城、西城、海淀、朝阳、丰台、石景山；郊区包括昌平、大兴、房山、怀柔、门头沟、密云、平谷、顺义、通州、延庆。

介公司和网络平台，比如链家地产、麦田、我爱我家、中原地产、搜房网等。三是两个指数的计算方法存在差异。恒隆指数使用类重复交易模型，将不同时期、相同空间范围的房屋数据交叉配对，同一个房屋数据往往在模型中多次重复出现；而 CHPI 挂牌指数使用国际主流同质房屋价格计算方法——特征价格模型，相同的房屋数据在模型中只出现一次。恒隆指数和 CHPI 网签指数、成交指数差异较大的原因为：挂牌价格是卖方的要价；成交价格是买卖双方最终交易价格；网签价格是买卖双方在房屋管理部门的登记价格，双方常常因避税等原因登记低于成交价格的网签价格。因此，三种价格各不相同，根据这三套数据编制的指数也不尽相同。

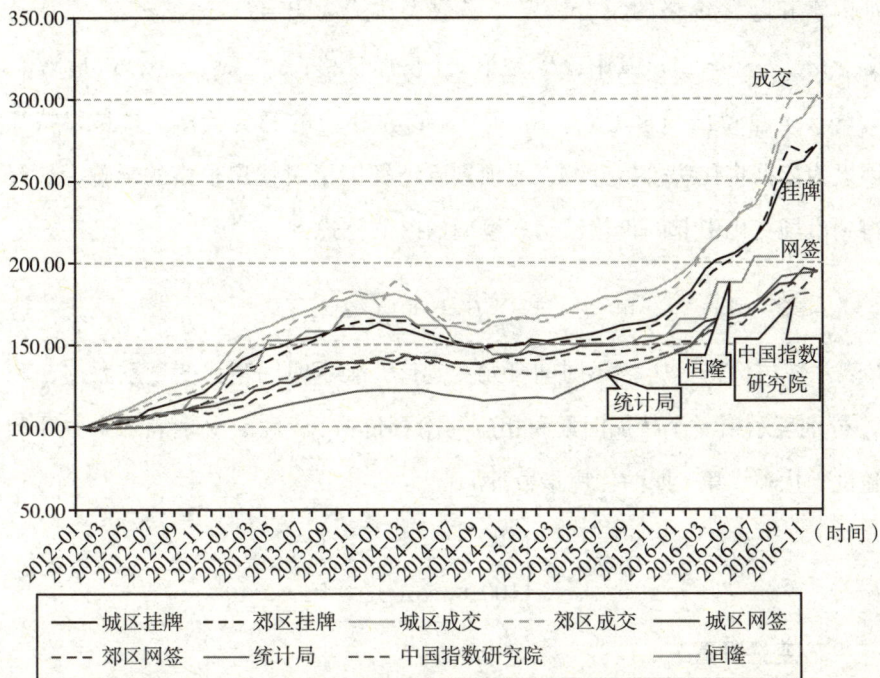

图 4-9 CHPI 北京存量房指数和已有的北京存量房指数比较

4.2.2 编制方法与变量设置

1. 编制方法

CHPI 根据国际先进的房地产价格计算方法——特征价格模型进行编制。住房价格波动主要源自房屋质量差异和房地产市场变化。住房价格指数是为了反映市场变化对住房价格的影响，需要剔除房屋质量差异导致的住房价格波动，特征价格模型的引入正是为了解决这个问题。该模型认为，异质性住房具有一系列同质性特征因素（characteristic）和表示该因素对住房价格贡献程度的隐含价格（implicit price）。住房价格由特征因素和隐含价格的集合决定，函数表达式为 $P_i = f(x_{i1}, x_{i2}, \cdots, x_{in}, \alpha_{i1}, \alpha_{i2}, \cdots, \alpha_{in})$。其中，$P_i$ 是第 i 个房屋价格；$x_{i1}, x_{i2}, \cdots, x_{in}$ 是第 1，2，$\cdots$，n 个特征因素；$\alpha_{i1}, \alpha_{i2}, \cdots, \alpha_{in}$ 是相应的隐含价格。模型以特征因素为依据将住房价格分解，逐项剔除特征因素对住房价格的影响，最终得到市场变化引起的价格波动。模型如以下公式：

$$\ln P = c + \sum_{t=2}^{T} \beta_t D_t + \sum_{n=1}^{N} \alpha_n x_n + \varepsilon \tag{4.1}$$

P 表示住房价格；D_t 表示时间哑元变量；β_t 表示时间哑元变量系数；x_n 和 α_n 分别表示第 n 个特征因素和相应的隐含价格；c 和 ε 分别表示常数项和随机干扰项。第 t 期的住房指数 $Index_t$ 为：

$$Index_t = \begin{cases} 100 & t = 1 \\ 100 \times \exp(\beta_t) & t \geq 2 \end{cases} \tag{4.2}$$

2. 变量设置

根据式（4.1），特征价格模型包含被解释变量 $\ln P$、解释变量 $\sum_{t=2}^{T} \beta_t D_t$、

控制变量 $\sum_{n=1}^{N} \alpha_n x_n$。被解释变量 $\ln P$ 是住房挂牌、成交、网签单价的对数。

解释变量 $\sum_{t=2}^{T} \beta_t D_t$ 是时间哑元变量，样本属于第 t 期则 $D_t=1$，不属于第 t 期则 $D_t=0$，T 是报告期；D_1 是基期 2012 年 1 月，不放入方程。控制变量 $\sum_{n=1}^{N} \alpha_n x_n$ 是其他影响住房价格的因素，主要分为房屋变量、楼房变量、小区变量三类，部分重要的控制变量如表 4-11 所示。

表 4-11   部分重要的控制变量

变量分类		变量描述
房屋变量	面积（平方米）	6 个虚拟变量：30<面积≤60，60<面积≤100，100<面积≤140，140<面积≤200，200<面积≤300，面积>300，对照组面积≤30
	卧室	3 个虚拟变量：2 个房间，3 个房间，4 个及以上房间。对照组 1 个房间
	厅	3 个虚拟变量：1 个厅，2 个厅，3 个及以上厅。对照组 0 个厅
	厨房	2 个虚拟变量：1 个厨房，2 个及以上厨房。对照组 0 个厨房
	卫生间	4 个虚拟变量：1 个卫生间，2 个卫生间，3 个卫生间，4 个及以上卫生间。对照组 0 个卫生间
	朝向	9 个虚拟变量：北，东，东北，东南，东西，南，西，西北，西南。对照组南北
	所在层	虚拟变量：顶层 1，否则 0 虚拟变量：次顶层 1，否则 0 6 个虚拟变量：1<所在层≤5，5<所在层≤10，10<所在层≤15，15<所在层≤20，20<所在层≤30，所在层>30。对照组所在层<0
	房屋类型	2 个虚拟变量：公寓，商住两用。对照组住宅
楼房变量	楼房年数	6 个虚拟变量：0≤楼房年数≤5，6≤楼房年数≤10，11≤楼房年数≤20，21≤楼房年数≤30，31≤楼房年数≤40，楼房年数≥41。对照组期房
	总楼层	5 个虚拟变量：5<总楼层≤10，10<总楼层≤15，15<总楼层≤20，20<总楼层≤30，总楼层>30。对照组 2<总楼层≤5

变量分类		变量描述
小区变量	容积率	小区的地上总建筑面积与用地面积的比率
	地铁	虚拟变量:1公里内有地铁1,否则0
	楼幢总数	小区的楼幢总数
	总户数	小区的总户数
	绿化率	小区的地上绿化面积与用地面积的比率
	物业管理费	小区的物业管理费
	公交条数	8个虚拟变量:1≤公交条数≤5,6≤公交条数≤10,11≤公交条数≤20,21≤公交条数≤30,31≤公交条数≤40,41≤公交条数≤50,51≤公交条数≤60,公交条数≥61。对照组公交条数=0
	商服机构数量	4个虚拟变量:1≤商服机构个数≤5,6≤商服机构个数≤10,11≤商服机构个数≤20,商服机构个数≥21。对照组商服机构个数=0
	金融机构数量	8个虚拟变量:1≤金融机构个数≤5,6≤金融机构个数≤10,11≤金融机构个数≤20,21≤金融机构个数≤30,31≤金融机构个数≤40,41≤金融机构个数≤50,51≤金融机构个数≤60,金融机构个数≥61。对照组金融机构个数=0
	土地权属性质	虚拟变量:国有土地使用权0,国有土地所有权1
	土地取得方式	虚拟变量:出让0,划拨1
	土地使用年限	2个虚拟变量:40年、50年。对照组70年
	土地用途	2个虚拟变量:商业、金融业用地,综合用地。对照组住宅用地
	建筑类别	2个虚拟变量:板塔结合,塔楼。对照组板楼
	医院	3个虚拟变量:三级以下级别,三级,三级甲等。对照组无医院
	学区	2个虚拟变量:区重点,市重点。对照组非重点

4.2.3 CHPI 北京存量房指数

1. 指数概况

CHPI 北京存量房指数分为整体指数和细分指数两类。整体指数有

6个，以2012年1月为基期（指数100），以月为更新周期，分别是城区挂牌指数、郊区挂牌指数、城区成交指数、郊区成交指数、城区网签指数、郊区网签指数；细分指数有54个，以2012年1月为基期（指数100），以月为更新周期，包括地区指数、面积指数、学区指数三类（详见附录1）。

如图4-10和表4-12所示，自2012年1月至2016年12月，整体指数的涨幅从大到小排序为：郊区成交指数、城区成交指数、郊区挂牌指数、城区挂牌指数、郊区网签指数、城区网签指数。城区挂牌指数定基比270.82，涨幅170.82%，平均年增长率22.05%；郊区挂牌指数定基比272.99，涨幅172.99%，平均年增长率22.24%；城区成交指数定基比

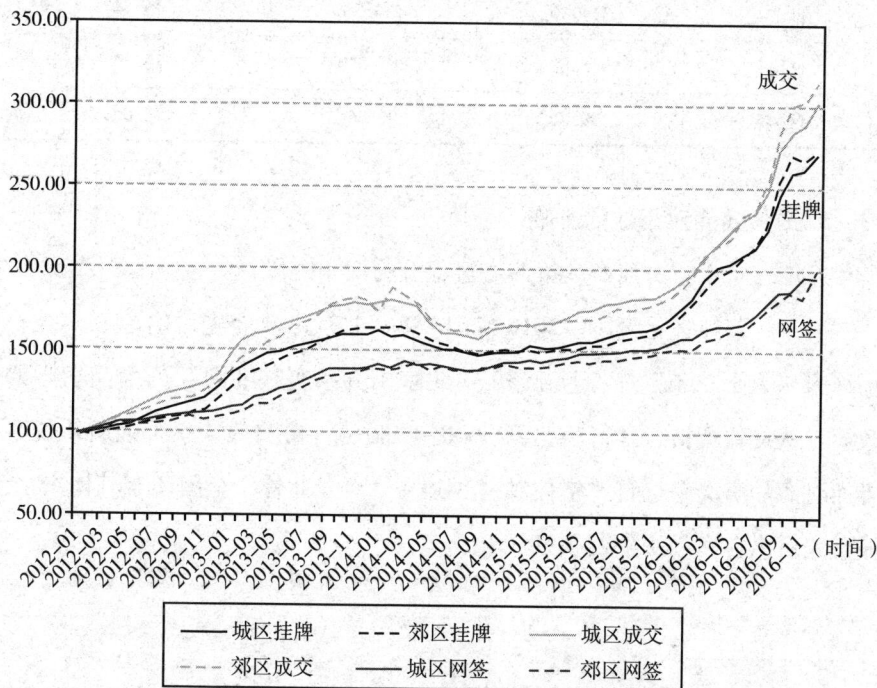

图4-10　CHPI北京存量房指数（整体指数）

301.54，涨幅 201.54%，平均年增长率 24.70%；郊区成交指数定基比 314.30，涨幅 214.30%，平均年增长率 25.74%；城区网签指数定基比 195.83，涨幅 95.83%，平均年增长率 14.39%；郊区网签指数定基比 199.86，涨幅 99.86%，平均年增长率 14.85%。[1]

表 4-12　　　　　　　　CHPI 北京存量房指数（整体指数）

指数	定基比	涨幅（%）	平均年增长率（%）
城区挂牌	270.82	170.82	22.05
郊区挂牌	272.99	172.99	22.24
城区成交	301.54	201.54	24.70
郊区成交	314.30	214.30	25.74
城区网签	195.83	95.83	14.39
郊区网签	199.86	99.86	14.85

2. 政策演变对指数的影响

近年，北京市房地产政策演变过程分为两个阶段。

第一，调控强化阶段。2010~2013 年，北京市政府先后出台三个被市场称为"京十二条""京十五条""北京国五条实施细则"的商品房限购政策，从贷款资格、首付款比例和利率、购房资格和数量、个人所得税等方面对商品房交易进行严格控制（见表4-13）。此外，全国还有其他45 个城市先后出台商品房限购政策。

---

[1]　定基比=报告期指数/基期指数。涨幅=100%×（报告期指数-基期指数）/基期指数。平均年增长率=（涨幅+1）$^{1/年数}$-1。

表 4-13 　　　　　　2010~2013 年北京市政府发布的重要的房地产调控文件

发布时间	文件名称	主要内容
2010 年 4 月 30 日	《北京市人民政府贯彻落实国务院关于坚决遏制部分城市房价过快上涨文件的通知》（"京十二条"）	1. 对购买首套自住房且套型建筑面积在 90 平方米以上的家庭，贷款首付款比例不得低于 30%。 2. 对贷款购买第二套住房的家庭，贷款首付款比例不得低于 50%，贷款利率不得低于基准利率的 1.1 倍。 3. 暂停发放购买第三套及以上住房贷款。 4. 对不能提供 1 年以上本市纳税证明或社会保险缴纳证明的非本市居民，暂停发放购买住房贷款
2011 年 2 月 15 日	《北京市人民政府办公厅关于贯彻落实国务院办公厅文件精神进一步加强本市房地产市场调控工作的通知》（"京十五条"）	1. 对已拥有 1 套住房的本市户籍居民家庭、持有本市有效暂住证在本市没拥有住房且连续 5 年（含）以上在本市缴纳社会保险或个人所得税的非本市户籍居民家庭，限购 1 套住房。 2. 对已拥有 2 套及以上住房的本市户籍居民家庭、拥有 1 套及以上住房的非本市户籍居民家庭、无法提供本市有效暂住证和连续 5 年（含）以上在本市缴纳社会保险或个人所得税缴纳证明的非本市户籍居民家庭，暂停在本市向其售房
2013 年 3 月 30 日	《北京市人民政府办公厅贯彻落实〈国务院办公厅关于继续做好房地产市场调控工作的通知〉精神进一步做好本市房地产市场调控工作的通知》（北京"国五条"实施细则）	1. 本市户籍成年单身人士在本市未拥有住房的，限购 1 套住房；对已拥有 1 套及以上住房的，暂停在本市向其出售住房。 2. 对个人转让住房按规定应征收的个人所得税，通过税收征管、房屋登记等信息系统能核实房屋原值的，应依法严格按照个人转让住房所得的 20% 计征；不能核实房屋原值的，依法按照核定征收方式计征个人所得税。 3. 对个人转让自用 5 年以上，并且是家庭唯一生活用房取得的所得，继续免征个人所得税

　　第二，调控弱化阶段。限购政策虽然在遏制房价快速上涨方面成果卓然，但也造成了一些问题，如房地产市场成交量和价格下行，冷清的土地市场削减了地方政府颇为依赖的土地财政收入，各地商品住宅去库存压力增大等。自 2014 年上半年起，全国大部分限购城市陆续松绑限购令，截至

2014 年 9 月末，只有北京、上海、广州、深圳、三亚 5 个城市依然实施限购政策。此外，2015 年中国人民银行多次下调存贷款基准利率和存款准备金率，为房地产市场注入更多的流动性（见表 4-14）。

表 4-14　　　2012～2016 年存贷款基准利率和存款准备金率调整情况

单位：%

生效日期	存款基准利率	贷款基准利率	生效日期	存款准备金率
2015 年 10 月 24 日	-0.25	-0.25	2016 年 3 月 1 日	-0.50
2015 年 8 月 26 日	-0.25	-0.25	2015 年 10 月 24 日	-0.50
2015 年 6 月 28 日	-0.25	-0.25	2015 年 9 月 6 日	-0.50
2015 年 5 月 11 日	-0.25	-0.25	2015 年 6 月 28 日	-0.50
2015 年 3 月 1 日	-0.25	-0.25	2015 年 4 月 20 日	-1.00
2014 年 11 月 22 日	-0.25	-0.40	2015 年 2 月 5 日	-0.50
2012 年 7 月 6 日	-0.25	-0.31	2012 年 5 月 18 日	-0.50
2012 年 6 月 8 日	-0.25	-0.25	2012 年 2 月 24 日	-0.50

受政策演变影响，2012 年 1 月至 2016 年 12 月的 CHPI 走势形成三个区间：2012 年初至 2013 年下半年的上涨区间；2013 年下半年至 2015 年上半年的微降区间；2015 年上半年至 2016 年末的上涨区间（见图 4-11）。区间一：在全国房地产价格快速攀升的背景下，2012 年初至 2013 年下半年北京市存量房价格出现上涨。为了遏制房价过快上涨，北京市政府先后于 2010 年 4 月发布"京十二条"、2011 年 2 月发布"京十五条"、2013 年 3 月发布"北京国五条实施细则"，直接干预房地产市场。区间二：在政府发布的调控政策的直接干预下，北京市存量房价格上涨趋势逐步放缓，并于 2013 年下半年开始略微下降。然而，由于市场成交量和价格萎靡，土地财政收入受到影响，住房去库存压力较大等原因，除北京、上海、广州、

深圳、三亚 5 个城市之外的 41 个曾经实施限购政策的城市在 2014 年纷纷松绑限购令。虽然北京市没有取消限购政策，但全国范围的房地产市场利好消息增强了购买者对北京房价上涨的预期。同时，2015 年中国人民银行多次降准降息，为房地产市场注入更多资金。区间三：在诸多利好的作用下，北京市存量房价格于 2015 年上半年重新步入上升区间。

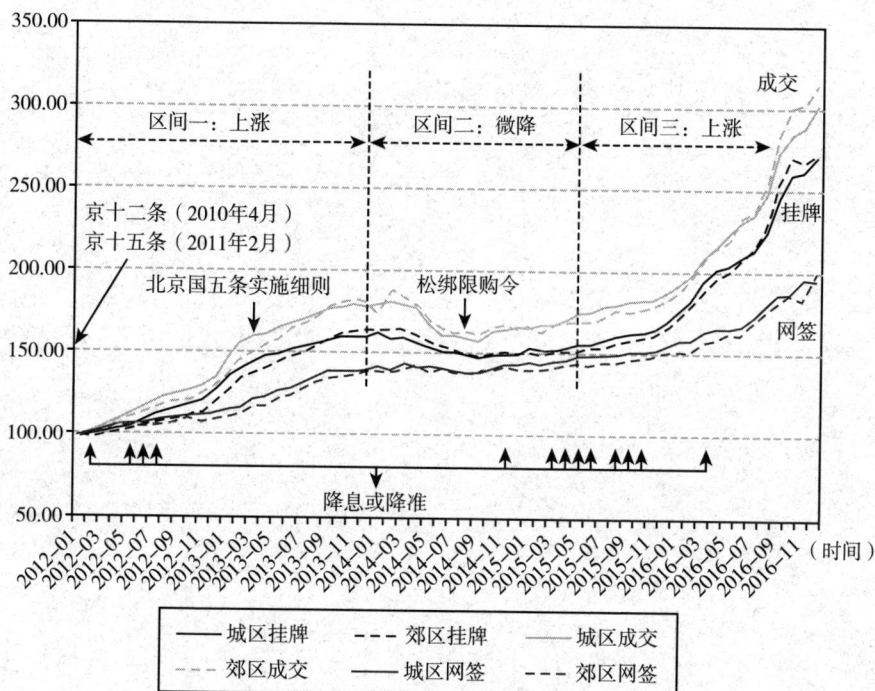

图 4-11　指数波动区间与政策演变

4.2.4　研究结论

和已有的房屋价格指数相比，本书构建的中国住房价格指数（CHPI）在数据和方法上存在优势。根据 CHPI 北京存量房指数，在全国房地产价格快速攀升的背景下，北京市存量房价格在 2012 年初至 2013 年下半年涨幅较大；在北京市政府发布的调控政策的直接干预下，北京市存量房价格在 2013 年下半年至 2015 年上半年略微下降；受全国多数城市取消限购政策和中国人民银行降准降息的影响，北京市存量房价格在 2015 年上半年至 2016 年末重新步入上涨区间。

附录 1 CHPI 北京存量房指数（细分指数）

一、地区指数

地区指数有 18 个，以 2012 年 1 月为基期（指数 100），以月为更新周期，分别是东城挂牌指数、东城成交指数、东城网签指数、西城挂牌指数、西城成交指数、西城网签指数、海淀挂牌指数、海淀成交指数、海淀网签指数、朝阳挂牌指数、朝阳成交指数、朝阳网签指数、丰台挂牌指数、丰台成交指数、丰台网签指数、石景山挂牌指数、石景山成交指数、石景山网签指数。

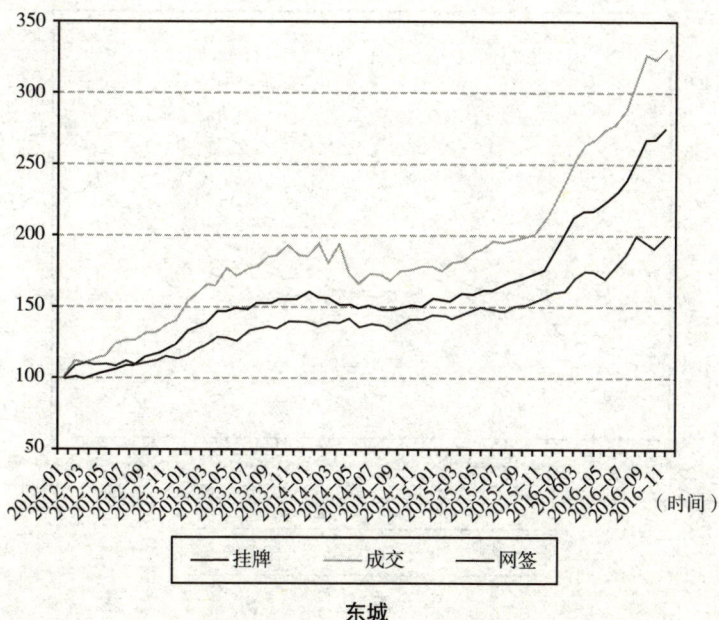

东城

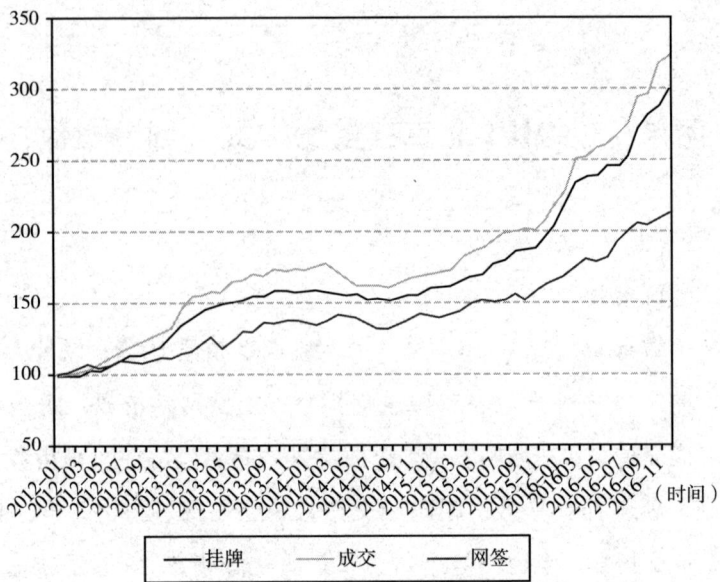

西城

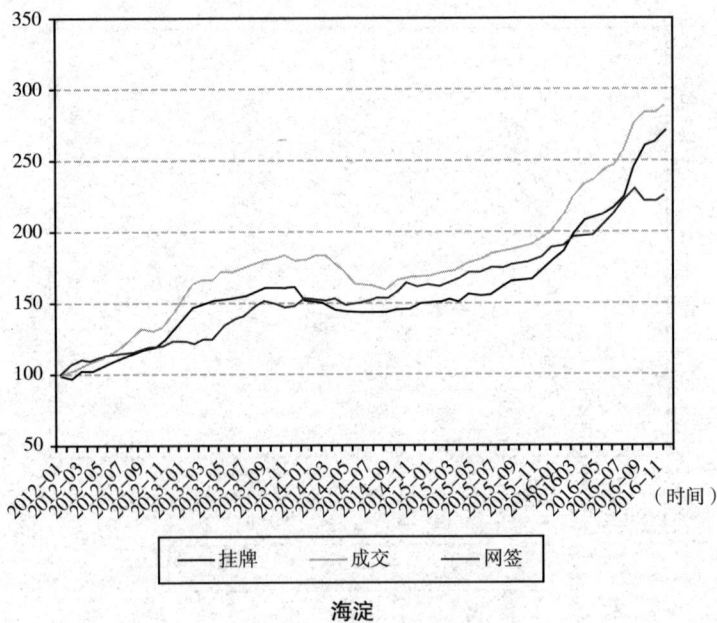

海淀

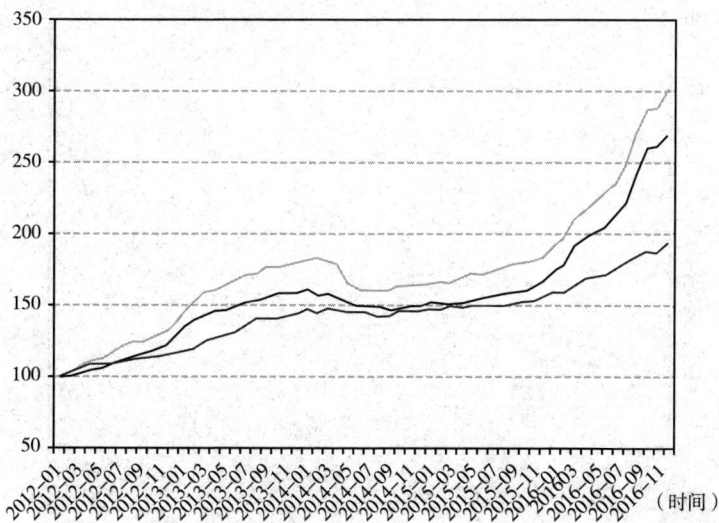

朝阳

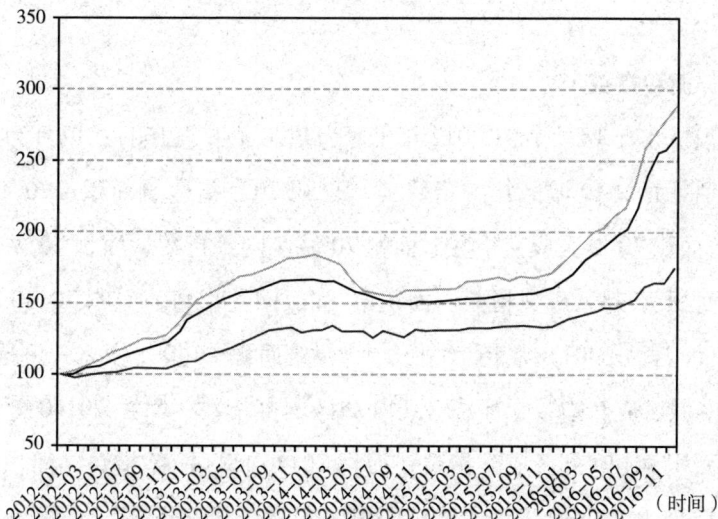

丰台

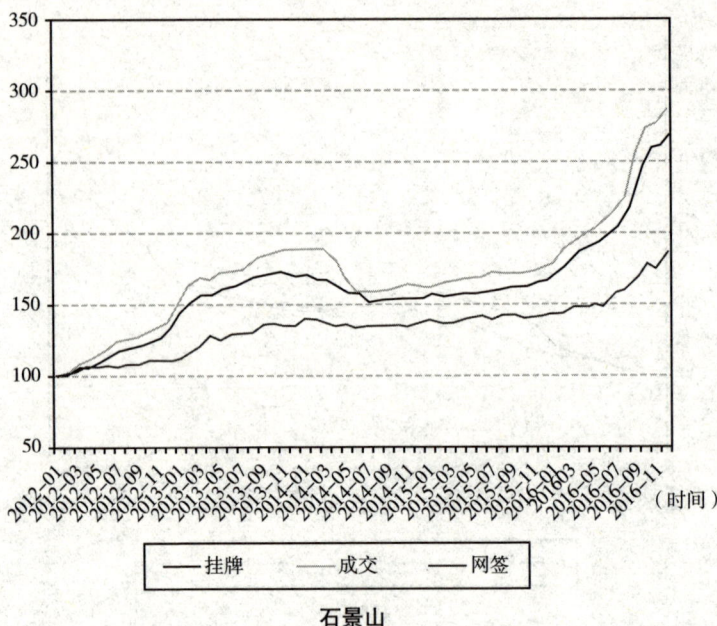

石景山

二、面积指数

面积指数有 18 个，以 2012 年 1 月为基期（指数 100），以月为更新周期，分别是面积 70 城区挂牌指数（"面积 70"指建筑面积≤70 平方米，下同）、面积 70 城区成交指数、面积 70 城区网签指数、面积 70 郊区挂牌指数、面积 70 郊区成交指数、面积 70 郊区网签指数、面积 70140 城区挂牌指数（"面积 70140"指 70 平方米<建筑面积≤140 平方米，下同）、面积 70140 城区成交指数、面积 70140 城区网签指数、面积 70140 郊区挂牌指数、面积 70140 郊区成交指数、面积 70140 郊区网签指数、面积 140 城区挂牌指数（"面积 140"指建筑面积>140 平方米，下同）、面积 140 城区成交指数、面积 140 城区网签指数、面积 140 郊区挂牌指数、面积 140 郊区成交指数、面积 140 郊区网签指数。

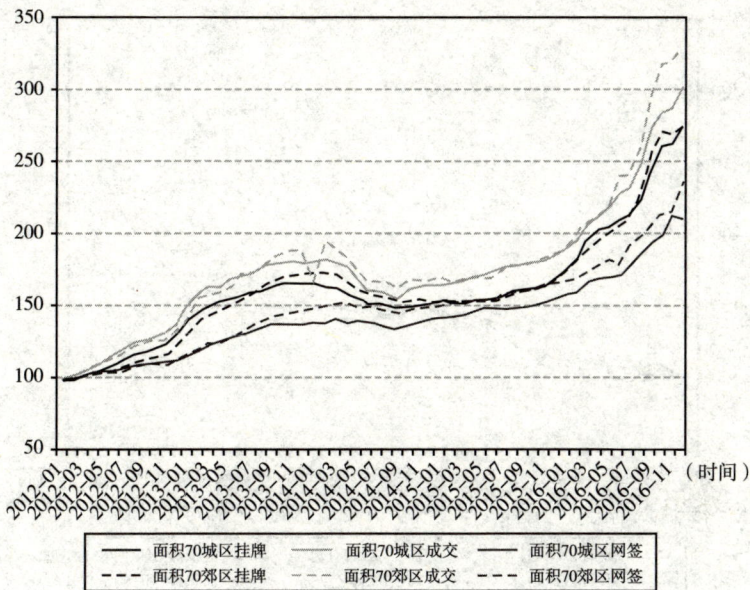

面积70

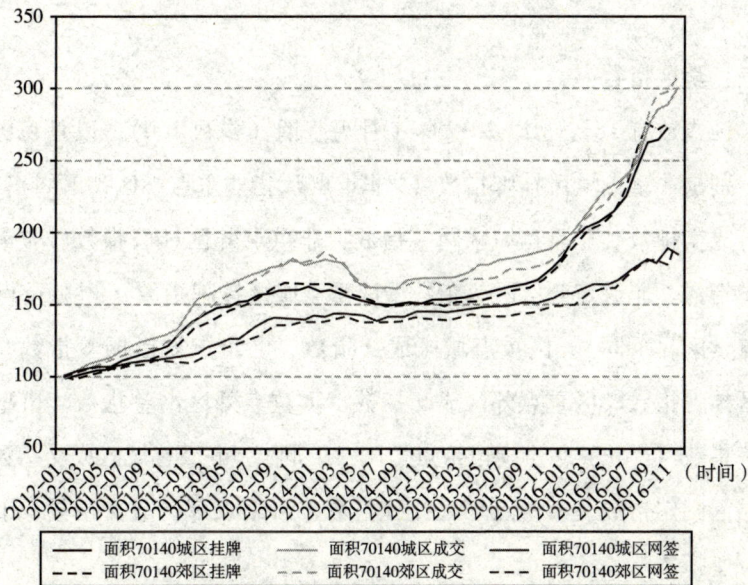

面积70140

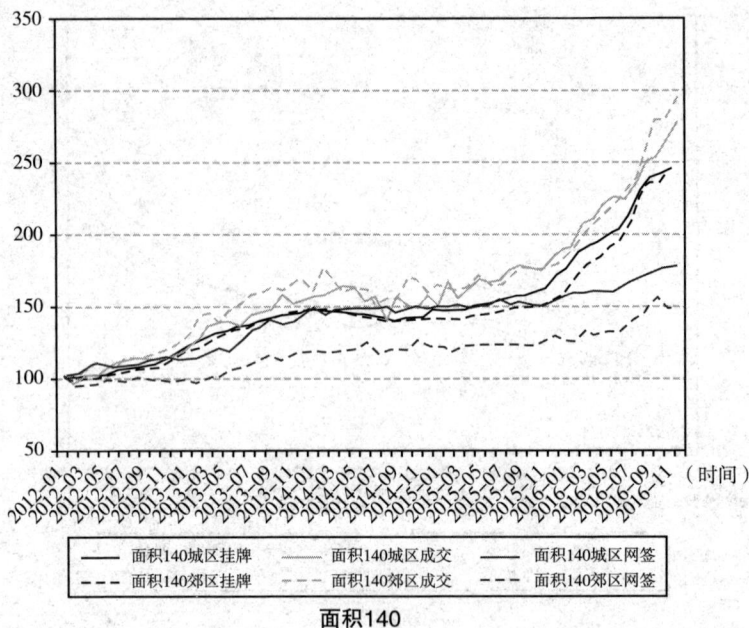

面积140

三、学区指数

学区指数有 18 个，以 2012 年 1 月为基期（指数 100），以月为更新周期，分别是非重点城区挂牌指数（"非重点"指非重点学区，下同）、非重点城区成交指数、非重点城区网签指数、非重点郊区挂牌指数、非重点郊区成交指数、非重点郊区网签指数、区重点城区挂牌指数（"区重点"指区重点学区，下同）、区重点城区成交指数、区重点城区网签指数、区重点郊区挂牌指数、区重点郊区成交指数、区重点郊区网签指数、市重点城区挂牌指数（"市重点"指市重点学区，下同）、市重点城区成交指数、市重点城区网签指数、市重点郊区挂牌指数、市重点郊区成交指数、市重点郊区网签指数。

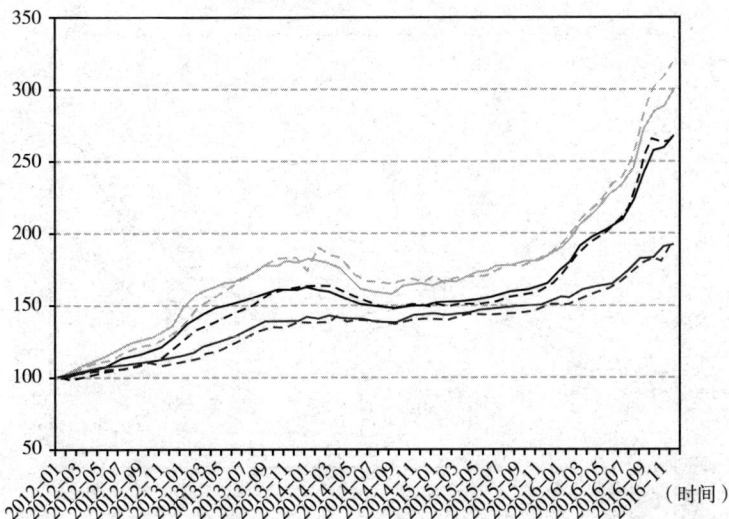

非重点

—— 非重点城区挂牌	⋯⋯ 非重点城区成交	—— 非重点城区网签
- - - 非重点郊区挂牌	- - - 非重点郊区成交	- - - 非重点郊区网签

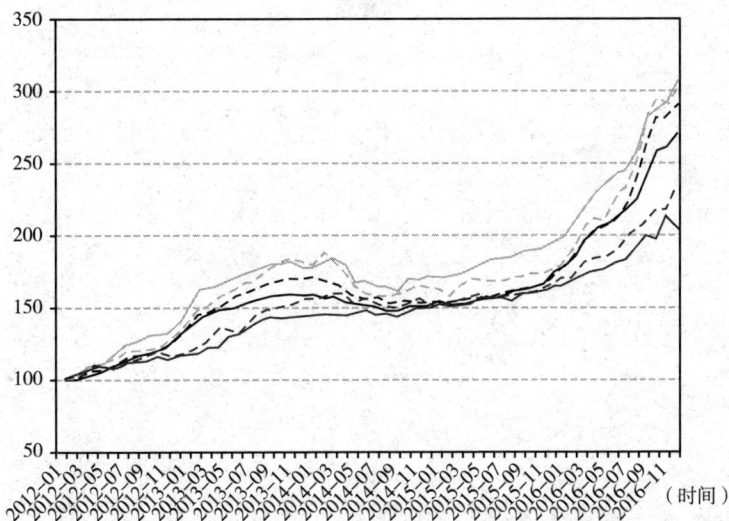

区重点

—— 区重点城区挂牌	⋯⋯ 区重点城区成交	—— 区重点城区网签
- - - 区重点郊区挂牌	- - - 区重点郊区成交	- - - 区重点郊区网签

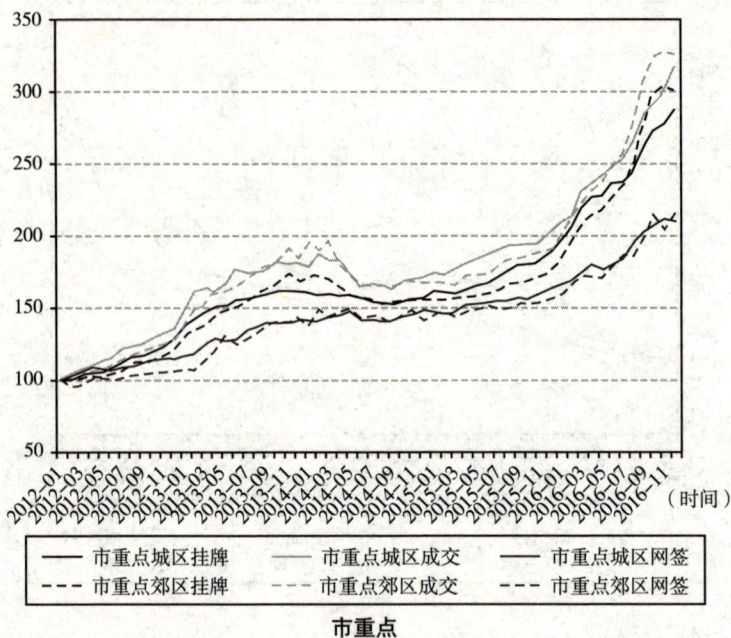

市重点

附录 2   2017 年中国金融科技行业大事记

关键词一：金融风险

（1）3 月，十二届全国人大五次会议正式召开，国务院总理李克强作政府工作报告，"互联网金融"再次被提及。李克强表示，当前系统性风险总体可控，但对不良资产、债券违约、影子银行、互联网金融等累积风险要高度警惕。这是"互联网金融"连续第四年被写进政府工作报告。

（2）5 月，人民银行成立金融科技（FinTech）委员会，旨在切实做好我国金融科技发展战略规划与政策指引，引导新技术在金融领域的正确使用。

（3）7 月，全国金融工作会议在京召开。会议指出，防止发生系统性金融风险是金融工作的永恒主题。同时强调，强化金融监管的专业性、统一性、穿透性，所有金融业务都要纳入监管，及时有效识别和化解风险，整治金融乱象。

（4）11 月，国务院金融稳定发展委员会正式成立，意味着中国金融监管格局从原来的"一行三会"升级为"一委一行三会"，金稳委将作为国务院统筹协调金融稳定和改革发展重大问题的议事协调机构。中国人民银行行长周小川 10 月披露，金稳委未来将重点关注影子银行、资产管理行业、互联网金融和金融控股公司。

（5）11 月，中国人民银行、银监会、证监会、保监会、外汇局联合发布《关于规范金融机构资产管理业务的指导意见（征求意见稿）》，提出"去刚兑、去资金池化、去通道化"三大监管核心，统一规范强化对金融机构资产管理业务的监管。

关键词二：网络借贷清理整顿

（1）2 月，中国银监会发布《网络借贷资金存管业务指引》，直接否定了第三方支付公司存管以及第三方支付与银行联合存管的模式，明确了存管机构必须是一家商业银行，不能多家银行同时存管。

（2）4 月，P2P 网络借贷风险专项整治工作领导小组办公室下发《关于开展"现金贷"业务活动清理整顿工作的通知》和《关于开展"现金贷"业务活动清理整顿工作的补充说明》，提出将"现金贷"纳入风险专项整治工作。随后，北京银监局和金融局、上海和广州互金协会下发"现金贷"排查方案。

（3）6 月，中国银监会、教育部、人力资源和社会保障部发布《关于进一步加强校园贷规范管理工作的通知》，一律暂停网贷机构开展校园贷业务，对存量业务要制订整改计划，明确退出时间表。

（4）8 月，银监会正式印发实施《网络借贷信息中介机构业务活动信息披露指引》《信息披露内容说明》，网贷行业"1+3"制度框架基本搭建完成，初步形成了较为完善的制度政策体系。"1+3"网贷监管体系是银监会在历年监管文件包括《关于促进互联网金融健康发展的指导意见》《网络借贷信息中介机构业务活动管理暂行办法》的基础上形成的具体规范。

（5）11 月，互联网金融风险专项整治工作领导小组办公室发布 138 号文——《关于立即暂停批设网络小贷公司的通知》，各级小额贷款公司监管部门一律不得新批设网络（互联网）小贷公司，禁止新增批小贷公司跨省（区、市）开展小额贷款业务。

（6）12 月，互联网金融风险专项整治工作领导小组办公室、P2P 网贷风险专项整治工作领导小组办公室联合印发了《关于规范整顿"现金贷"业务的通知》，划出了多条红线标准：牌照、场景、利率低于 36% 等。

（7）12 月，P2P 网络借贷风险专项整治工作领导小组办公室印发《小额贷款公司网络小额贷款业务风险专项整治实施方案》（以下简称《整治方案》），要求 2018 年 1 月底前完成摸底排查。《整治方案》要求打击无网络小额贷款经营资质甚至无放贷资质却经营网络小额贷款的机构；重新审查网络小额贷款经营资质。

关键词三："五大行+Technology"

（1）3 月，阿里巴巴集团、蚂蚁金服集团和中国建设银行签署了三方战略合作协议。二维码支付互扫、支付宝支持建行 App 支付将很快实现。

（2）6 月，中国银行与腾讯成立"中国银行—腾讯金融科技联合实验室"。中国银行与腾讯集团将重点基于云计算、大数据、区块链和人工智能等方面开展深度合作，共建普惠金融、云上金融、智能金融和科技金融。

（3）6 月，百度与中国农业银行宣布签署战略框架合作协议，双方表示将以金融科技为主要方向开展合作，建立金融科技联合实验室。人工智能领域是百度想要扛起的一面新的技术旗帜，其中金融服务嫁接人工智能，是百度所希望的互联网金融领域"弯道超车"。

（4）8 月，中国交通银行与苏宁控股集团有限公司、苏宁金融服务（上海）有限公司签署《智慧金融战略合作协议》。将在智慧金融、全融资业务、现金管理及账户服务、国际化和综合化合作等领域开展深入合作，实现优势互补、互利互赢，共同探讨新的业务合作模式，为大众提供便捷化、智慧化的普惠金融服务。

（5）11月，工商银行联手京东金融共同宣布推出"工银小白"，成为首家开在互联网平台上的数字银行。

关键词四：Fintech 企业扎堆赴美上市

（1）10月，趣店集团正式登陆纽约证券交易所，以每股 24 美元发售 3750 万股 ADS（美国存托股票），开盘价为 34.35 美元，大涨 43.13%，趣店的市值达到 110 亿美元，在美国 2017 年股票发行规模中排第四位，同时也是 2017 年中国企业在美国的最大一单 IPO。

（2）11月，中国互联网金融企业和信贷正式在美上市。发行价为每股 10 美元，共计发售 500 万股 ADS（美国存托股票），共融资 5000 万美元，成为国内互联网金融公司在美国纳斯达克上市第一股。

（3）11月，拍拍贷在纽约证券交易所挂牌交易，成为继宜人贷、信而富、和信贷之后，第四家登录美股的中国 P2P 平台。

（4）11月16日，融 360 旗下简普科技正式在纽交所挂牌上市。

关键词五：ICO 全面叫停

（1）9月，中国人民银行联合六部门发布《关于防范代币发行融资风险的公告》，指出代币发行融资本质上是一种未经批准非法公开融资的行为，要求自公告发布之日起，各类代币发行融资活动立即停止，同时，已完成代币发行融资的组织和个人做出清退等安排。

（2）9月中，上海及北京下达关停比特币交易平台的通知。国内首家比特币交易所——比特币中国发布公告，于 9 月 30 日停止所有交易业务。火币网和 OKCoin 币行也在公告中称，将停止所有虚拟货币交易业务。

关键词六：区块链标准发布

5 月，工业和信息化部直属事业单位——中国电子技术标准化研究院发布了首个区块链标准《区块链参考架构》。标准内容分为范围、术语和缩略语、概述、参考架构、用户视图、功能视图、用户视图和功能视图的关系、附录八个部分。

关键词七：人工智能上升为国家战略

7 月，国务院印发《新一代人工智能发展规划》（简称《规划》），指导构筑我国人工智能发展的先发优势，加快建设创新型国家和世界科技强国，将人工智能的未来发展上升为国家战略。《规划》要求到 2020 年人工智能总体技术和应用与世界先进水平同步，人工智能核心产业规模超过 1500 亿元，带动相关产业规模超过 1 万亿元；到 2030 年，我国人工智能理论、技术与应用总体达到世界领先水平。

参考文献

［1］陈自富：《强人工智能和超级智能：技术合理性及其批判》，载于《科学与文化》2016 年第 5 期。

［2］程东亮：《人工智能在金融领域应用现状及安全风险探析》，载于《信息安全》2016 年第 9 期。

［3］范一飞：《中国法定数字货币的理论依据和架构选择》，载于《中国金融》2016 年第 17 期。

［4］工信部：《中国区块链技术和应用发展白皮书》，中国区块链技术和产业发展论坛，2016 年。

［5］国家互联网金融安全技术专家委员会：《国内比特币交易情况监测报告》，2017 年。

［6］胡滨：《金融监管蓝皮书：中国金融监管报告》，社会科学文献出版社 2017 年版。

［7］胡滨、杨楷：《监管沙盒的应用与启示》，载于《中国金融》2017 年第 2 期。

［8］黄震、邓建鹏、熊明等：《英美 P2P 监管体系比较与我国 P2P 监管思路研究》，载于《金融监管研究》2014 年第 10 期。

［9］黄震、蒋松成：《监管沙盒与互联网金融监管》，载于《中国金

融》2017 年第 2 期。

[10] 慧辰咨询：《中国智能投顾市场发展趋势研究报告》，2017 年。

[11] 姜海燕、吴长凤：《智能投顾的发展现状及监管建议》，载于《证券市场导报》2016 年第 12 期。

[12] 刘向民：《央行发行数字货币的法律问题》，载于《中国金融》2016 年第 17 期。

[13] 刘瑜恒、周沙骑：《证券区块链的应用探索、问题挑战与监管对策》，载于《金融监管研究》2017 年第 4 期。

[14] 普华永道：《ICO 风险评估指引》，2017 年。

[15] 清华五道口、清华金融评论、璇玑：《数字化资产配置报告》，2017 年。

[16] 清华五道口金融学院、互联网金融实验室：《关于 ICO 现象的报告》，2017 年。

[17] 史忠植：《高级人工智能》，科学出版社 2011 年版。

[18] 腾讯研究院：《人工智能各国战略解读：英国人工智能的未来监管措施与目标概述》，载于《电信网技术》2017 年第 2 期。

[19] 王信、任哲：《虚拟货币及其监管应对》，载于《中国金融》2016 年第 17 期。

[20] 王永红：《数字货币技术实现框架》，载于《中国金融》2016 年第 17 期。

[21] 魏行空：《中国金融科技的政府监管研究报告》，清华大学国家金融研究院，清华大学金融科技研究院，鑫苑金融科技研究中心，2017 年。

[22] 温信祥、张蓓：《数字货币对货币政策的影响》，载于《中国金融》2016 年 8 期。

[23] 乌镇指数：2016 年全球人工智能发展报告。

[24] 伍旭川：《迎接金融科技新风口——智能投顾》，载于《清华金融评论》2017 年第 10 期。

[25] 谢众：《央行数字货币使用环境建设》，载于《中国金融》2016 年第 17 期。

[26] 徐忠、孙国峰、姚前：《金融科技：发展趋势与监管》，2017 年。

[27] 寻朔、柯岩、魏行空：《中国 ICO 监管研究报告》，清华大学金融科技研究院，鑫苑金融科技研究中心，2017 年。

[28] 杨涛：《对人工智能在金融领域应用的思考》，载于《国际金融》2016 年第 12 期。

[29] 姚前：《国际电联第一次法定数字货币焦点组工作会议》，2017 年。

[30] 姚前：《中国法定数字货币原型构想》，载于《中国金融》2016 年第 17 期。

[31] 宜信财富、彭博商业周刊：《中国新中产智能投顾研究报告》，2017 年。

[32] 张景智：《"监管沙盒"的国际模式和中国内地的发展路径》，载于《金融监管研究》2017 年第 5 期。

[33] 张正鑫、赵岳：《央行探索法定数字货币的国际经验》，载于《中国金融》2016 年第 17 期。

[34] 郑毓栋：《智能投顾正在进入 2.0 时代》，载于《清华金融评论》

2017 年第 7 期。

［35］中关村区块链产业联盟：《中国区块链技术与产业发展白皮书》，2016 年。

［36］中国人民银行数字货币研究项目组：《法定数字货币的中国之路》，载于《中国金融》2016 年第 17 期。

［37］朱福喜：《人工智能》，清华大学出版社 2017 年版。

［38］朱巍、陈慧慧、田思媛、王红武：《人工智能：从科学梦到新蓝海——人工智能产业发展分析及对策》，载于《科技进步与对策》2016 年第 21 期。

［39］邹蕾、张先锋：《人工智能及其发展应用》，载于《理论研究》2012 年第 2 期。

［40］Coinbase, Coin Center, Consensys, Union Square Ventures.《区块链代币的证券法律框架分析》，2016.

［41］A Comprehensive Guide to Exchange-Traded Funds（ETFs）. CFA Institute Research Foundation，2015

［42］Accenture, The Rise of Robo-Advice-Changing the Concept of Wealth Management，2015.

［43］Autonomous.《Token Mania》. 2017.

［44］Citi Global Perspectives & Solutions, Digital Disruption—How Fintech is Forcing Banking to a Tipping Point，2016.

［45］Darin Contini, Marianne Crowe, Cynthia Merritt, Richard Oliver and Steve Mott. Mobile Payments in the United States：Mapping out the Road Ahead.

［46］Distributed Ledger Technology in Payments, Clearing, and Settlement,

Working Papers in the Finance and Economics Discussion Series (FEDS), 2016.

［47］Distributed Ledger Technology: Beyond Block Chain. UK Government Chief Scientific Adviser, 2016.

［48］F. Barboza, H. Kimura, E. Altman. Machine learning models and bankruptcy prediction. *Expert Systems with Applications*, 2017, 83: 405-417.

［49］Federal Reserve Bank of Atlanta and Federal Reserve Bank of Boston White Paper, March, 2011.

［50］FINRA, Report on Digital Investment Advice, 2016.

［51］Fintech Regulatory Sandbox Guidelines, Monetary Authority of Singapore, 2016.

［52］George Danezis, Sarah Meiklejohn. Centrally Banked Cryptocurrencies, Conference Paper, 2016.

［53］https://www. whitehouse. gov/blog/2016/05/03/preparing-future-artificial-intelligence

［54］Itzhak Ben-David, Francesco Franzoni, Rabih Moussawi . Exchange Traded Funds (ETFS) . Working Paper, 2017.

［55］Jenik, Ivo, and Kate Lauer. "Regulatory Sandboxes and Financial Inclusion." Working Paper. Washington, D. C. : CGAP. 2017.

［56］Jun Liu, Robert J. Kauffman, and Dan Ma. Competition, cooperation, and regulation: Understanding the Evolution of the Mobile Payments Technology Ecosystem. Electronic Commerce Research and Applications, 14 (5): 372-391, 2015.

［57］Marco Iansiti, Karim R. Lakhani. The Truth about Blockchain. *Har-*

vard Business Review. 2016.

［58］Martin Lettau, Ananth Madhavan. Exchange Traded Funds 101 for Economists. Working Paper, 2018.

［59］Monetary Authority of Singapore. Fintech Regulatory Sandbox Guidelines. 2016.

［60］Payment Systems: Liquidity Saving Mechanisms in a Distributed Ledger Environment, European Central Bank and Bank of Japan, 2017.

［61］Project Ubin: SGD on Distributed Ledger. Monetary Authority of Singapore, 2017.

［62］PWC. Redrawing the Lines: FinTech's Growing Influences on Financial Service. Research Report, 2017.

［63］Regulatory Sandbox Lessons Learned Report, 2017.

［64］Regulatory Sandbox, Financial Conduct Authority, 2015.

［65］Response to Feedback Received—Fintech Regulatory Sandbox Guidelines, 2016.

［66］Satoshi Nakamoto. Bitcoin: A Peer－to－Peer Electronic Cash System. 2008.

［67］Tony Richards. The Ongoing Evolution of the Australian Payments System, Payments Innovation 2016 Conference, 23 February 2016.

［68］Two－Sided Markets in Asset Management: Exchange－traded Funds and Securities Lending, 2015.

［69］W. Hernandez. Is China's Qr Code Ban About Security or Lost Revenue. Mobile Payments Today. com, March, 24, 2014.

[70] World Economic Forum, The Future of Financial Infrastructure: An Ambitious Look of at How Blockchain Can Reshape Financial Services. Research Report, 2016.

图书在版编目（CIP）数据

金融科技行业发展与监管 2018/张晓燕等著．—北京：
经济科学出版社，2018.6
ISBN 978-7-5141-9438-8

Ⅰ.①金… Ⅱ.①张… Ⅲ.①金融-科技发展-研究-
中国-2018 Ⅳ.①F832

中国版本图书馆 CIP 数据核字（2018）第 132624 号

责任编辑：齐伟娜　初少磊　赵蕾
责任校对：隗立娜
责任印制：李　鹏

金融科技行业发展与监管 2018
张晓燕　等著
经济科学出版社出版、发行　新华书店经销
社址：北京市海淀区阜成路甲 28 号　邮编：100142
总编部电话：010-88191217　发行部电话：010-88191540
网址：www.esp.com.cn
电子邮件：esp@esp.com.cn
天猫网店:经济科学出版社旗舰店
网址:http://jjkxcbs.tmall.com
北京季蜂印刷有限公司印装
710×1000　16 开　10.75 印张　130000 字
2018 年 6 月第 1 版　2018 年 6 月第 1 次印刷
ISBN 978-7-5141-9438-8　定价：38.00 元
（图书出现印装问题，本社负责调换。电话：010-88191502）
（版权所有　翻印必究　举报电话：010-88191586
电子邮箱：dbts@esp.com.cn）